Inteligências múltiplas

SERVIÇO SOCIAL DO COMÉRCIO
Administração Regional no Estado de São Paulo

Presidente do Conselho Regional
Abram Szajman
Diretor Regional
Danilo Santos de Miranda

Conselho Editorial
Ivan Giannini
Joel Naimayer Padula
Luiz Deoclécio Massaro Galina
Sérgio José Battistelli

Edições Sesc São Paulo
Gerente Marcos Lepiscopo
Gerente adjunta Isabel M. M. Alexandre
Coordenação editorial Clívia Ramiro, Cristianne Lameirinha
Produção editorial Ana Cristina Pinho, Gissela Mate Sabino
Coordenação gráfica Katia Verissimo
Coordenação de comunicação Bruna Zarnoviec Daniel
Colaboradores desta edição Marta Colabone, Iã Paulo Ribeiro, Afonso E. Correa

Inteligências múltiplas
Uma experiência em pedagogia
do esporte e da atividade física
no Sesc São Paulo

Hermes Ferreira Balbino (org.)

Revisão técnica Regiane Cristina Galante
Preparação Fátima Couto, Cristina Marques
Revisão Thiago Lins, Luciana Moreira
Projeto gráfico, capa e diagramação Omnis Design
Fotografias Nilton Silva - Capa e pp.: 148 a 163; Michele Mifano p.: 144;
Isabel D'Elia pp.: 145 e 147; Pedro Abude p.: 146

B185i Balbino, Hermes Ferreira
Inteligências múltiplas - Uma experiência em
pedagogia do esporte e da atividade física no Sesc
São Paulo / Organização Hermes Ferreira Balbino.
– São Paulo: Edições Sesc São Paulo, 2014. –
240 p. il.: fotografias.

ISBN 978-85-7995-158-9

1. Educação Física. 2. Pedagogia do esporte e da ati-
vidade física. 3. inteligências múltiplas. 4. Sesc São
Paulo. I. Título. II. Subtítulo.
CDD 709

© 2014, Hermes Ferreira Balbino (org.)
© 2014, Edições Sesc São Paulo
Todos os direitos reservados

Edições Sesc São Paulo
Rua Cantagalo, 74 - 13º/14º andar
03319-000 - São Paulo – SP - Brasil
Tel: 55 11 2227-6500
edicoes@edicoes.sescsp.org.br
sescsp.org.br

SUMÁRIO

APRESENTAÇÃO 7
Danilo Santos de Miranda

PREFÁCIO 9
José Elias Proença

INTRODUÇÃO
Atividade físico-esportiva, saúde e estilo de vida 13
Hermes Ferreira Balbino

**PARTE I – SOBRE MÚLTIPLAS POSSIBILIDADES NA
PEDAGOGIA DO ESPORTE E DA ATIVIDADE FÍSICA** 19

1 - Pedagogia do esporte e da atividade física com base na
teoria das inteligências múltiplas: primeiros movimentos 21
Hermes Ferreira Balbino

2 - A teoria das inteligências múltiplas:
o que é ser inteligente? 45
Vilma L. Nista-Piccolo

3 - Novas tendências em pedagogia do esporte 65
Alcides José Scaglia

4 - Pedagogia do esporte e as inteligências múltiplas:
ensino, vivência e aprendizagem socioesportiva 97
Roberto Rodrigues Paes
Hermes Ferreira Balbino

5 - Sobre diversidade e esporte:
...é preciso ter um "temperozinho" 119
Marco Paulo Stigger

PARTE II – FOTOGRAFIAS 143

PARTE III – AS INTELIGÊNCIAS MÚLTIPLAS
E A EXPERIÊNCIA DO SESC VERÃO 165

Introdução 167
Regiane Cristina Galante

1 - Para uma pedagogia do movimento corporal
no ambiente Sesc: a abordagem das
inteligências múltiplas 169
Hermes Ferreira Balbino

2 - A experiência do Sesc Verão 2009 195
Hermes Ferreira Balbino

3 - Apontamentos e lições aprendidas 215
Hermes Ferreira Balbino

CONSIDERAÇÕES FINAIS 227
Hermes Ferreira Balbino

SOBRE OS AUTORES 235

Apresentação

Danilo Santos de Miranda
Diretor Regional do Sesc São Paulo

O jogo é fato mais antigo que a cultura, pois esta, mesmo em suas definições menos rigorosas, pressupõe sempre a sociedade humana.

Johan Huizinga

Em uma das primeiras frases de seu clássico *Homo ludens*, Huizinga define o jogo em suas relações intrínsecas com a cultura e a sociedade. O historiador holandês expõe o caráter fundamental desta atividade cuja vivência no tempo presente tem a capacidade de suspender o cotidiano, levando seus participantes a uma experiência de tensão e alegria, na qual a surpresa e a imprevisibilidade se misturam.

O caráter lúdico do jogo, como esfera de sociabilidade do indivíduo, vincula-se diretamente à ideia de cultura. Ciente desse princípio, o Sesc, instituição sociocultural e educativa, desenvolve ações que visam a promoção da cidadania, associada, entre outros aspectos, ao bem-estar físico e social do indivíduo.

Realizado anualmente, o projeto Sesc Verão, que comemora 20 anos em 2015, oferece ao público uma ampla rede de atividades que associam a prática físico-esportiva à vivência de valores cidadãos. Em 2009, o Sesc Verão concebeu sua programação a partir da teoria das inteligências múltiplas, engendrada pelo neurocientista Howard Gardner. Essa teoria rompeu paradigmas que avaliavam a inteligência exclusivamente a partir dos pontos de vista verbal-linguístico e lógico-matemático, baseando-se em testes de QI. Para Gardner, o ser humano é dotado de diferentes tipos de inteligências que, além das duas citadas acima, incluem também as inteligências espacial, musical, corporal-cinestésico, naturalista, intrapessoal e interpessoal.

Essa nova abordagem trouxe para o debate pedagógico a necessidade da identificação de habilidades e aptidões pessoais como outras formas de inteligência a serem valorizadas pela sociedade. Nessa perspectiva, insere-se o livro ora apresentado *Inteligências múltiplas - Uma experiência em pedagogia do esporte e da atividade física no Sesc São Paulo*, organizado por Hermes Ferreira Balbino.

Centrado no debate sobre as múltiplas inteligências, a pedagogia do esporte e suas relações com a cultura corporal, o livro reflete também sobre o papel dos educadores e das instituições na observância da diversidade e das potencialidades humanas como forma de transpor os limites da sociedade da informação e visando a conquista de uma sociedade do conhecimento.

Para o Sesc, a valorização da interação entre individuo e grupo, comumente observado nas práticas esportivas, permite trilhar esse caminho, construindo não só o espaço coletivo, mas o sentimento de respeito e pertença a ele.

Prefácio

José Elias Proença

Sinto-me amplamente honrado e lisonjeado ao ser convidado para prefaciar o livro *Inteligências múltiplas – Uma experiência em pedagogia do esporte e da atividade física no Sesc São Paulo*. Sentimentos que se relacionam ao fato desta publicação ser o resultado da união entre duas grandes entidades presentes no meu campo profissional: o Sesc e Hermes Balbino.

Se, por um lado, devo os passos iniciais do exercício da minha profissão ao Sesc Consolação, onde meu interesse foi despertado por vivências na compreensão do desenvolvimento integral do ser humano e das propostas pedagógicas globais, integrando os aspectos biológicos, psicológicos, sociais e culturais voltados para o bem-estar e a qualidade de vida, por outro, fui desafiado a orientar o trabalho de pessoas comprometidas com o rendimento esportivo nos âmbitos educacional e de alta performance. Ali, tive a oportunidade de refletir sobre as possíveis práticas corporais junto com o organizador deste livro. Pelo vínculo acadêmico, assistíamos ou participávamos de bancas de defesa de teses, o que nos possibilitou conhecer outros profissionais e, consequentemente, ampliar o universo das discussões.

Hoje, alguns desses acadêmicos compõem o time que, brilhantemente, participa dos capítulos desta obra. São estudiosos fundamentados nas teorias do conhecimento científico, preparados para fornecer estruturas que permitem a integração de ideias práticas, em coerente filosofia para elaborar intervenções.

Os caminhos, Sesc e Hermes, se cruzam na programação do Sesc Verão 2009, organizada em referência à estação do ano. O primeiro, aplicando fundamentos à prática físico-esportiva e o segundo, profundo estudioso da teoria das inteligências de Howard Gardner. Este, o psicólogo que sacudiu a psicologia e a pedagogia nos anos 1980 ao demonstrar que a inteligência não é uma só, mas ao menos oito potenciais: lógico-matemática, verbal-linguística, corporal-cinestésica, musical, espacial, interpessoal, intrapessoal e naturalista. Na apropriação desse conhecimento,

Hermes aponta que: "todos possuem e têm condições de se desenvolver em todas as inteligências, determinando que este desenvolvimento esteja marcado fortemente por meio da mobilização e estimulação promovidas pelo contexto de cultura em que o indivíduo está inserido. Se não existirem a estimulação e a mobilização de determinada inteligência, o potencial fica estagnado".

Desse encontro emerge a programação "Sesc Verão 2009 – Movimente-se! Exercite suas inteligências. Faça um verão diferente!". Como resultado dessa união, surge agora a publicação deste livro pelas Edições Sesc, com a organização e participação de Hermes Ferreira Balbino.

Em uma publicação, é de se imaginar que todo escritor crie mentalmente possibilidades pelas quais considere que os leitores possam usufruir dos conteúdos que lê. Ao iniciar a leitura deste livro, percebe-se que ele é didaticamente bem escrito, com fundamentos sólidos e processualmente organizado. Na introdução, nota-se que todo o seu conteúdo está orientado para compreender a pessoa. Ao mesmo tempo, nos conduz para uma reflexão sobre como é possível estimular as práticas corporais e, coletivamente, construir programas.

A Parte I apresenta fundamentos sobre as múltiplas possibilidades da pedagogia do esporte e da atividade física. Nela, a teoria das inteligências múltiplas é aprofundada, juntamente com conhecimentos das novas tendências pedagógicas. O capítulo "Pedagogia do esporte e as inteligências múltiplas: ensino, vivência e aprendizagem socioesportiva" traz reflexões sobre as dimensões do esporte e possibilidades educacionais com o desenvolvimento integral e harmonioso do ser humano. O lúdico é revisitado e jogos de habilidades motoras são descritos como intervenções para o estímulo das diferentes inteligências. Ainda nessa parte, são encontrados argumentos esclarecedores sobre a diversidade e a manifestação do esporte no universo do lazer.

Na Parte II, belíssimas ilustrações fotográficas em diferentes unidades do Sesc, com notas explicativas, mostram visualmente desafiadoras estratégias e quando são manifestadas as inteligências múltiplas.

"As inteligências múltiplas e a experiência do Sesc Verão 2009" são apresentadas na Parte III. Aqui, fundamentos são discutidos no sentido de orientar a elaboração de uma pedagogia do movimento corporal, pautada pelos diferentes ambientes de cada unidade do Sesc. A proposta da atividade é concebida a partir da pessoa que dela participa, buscando criar um ambiente onde possa, verdadeiramente, se expressar e onde todo arranjo didático deve se apoiar nos conceitos do jogo.

O Sesc Verão 2009, na proposição de instalações e ambientes inteligentes, ofereceu às pessoas a oportunidade de entrar em contato com variadas e significativas experiências. Os depoimentos dos gestores de cada unidade forneceram ideias de atividades práticas a serem desenvolvidas.

Fazendo uso das suas inteligências, Hermes Balbino extrai importantes referenciais das diferentes propostas de cada unidade do Sesc, como ele próprio afirma na página final do livro:

> [...] podemos constatar que a promoção de programação diversificada mediante a abordagem das múltiplas competências humanas enfatizou o oferecimento igualitário da atividade físico-esportiva, e que isso possivelmente tenha relação com a melhora da qualidade de vida e do exercício da cidadania pelos participantes, ao experimentarem, em ambiente comum, diversos desafios em vivência de cooperação e socialização.

Li, reli e, com certeza, lerei sempre *Inteligências múltiplas – Uma experiência em pedagogia do esporte e da atividade física no Sesc São Paulo*, pela razão de estar plenamente consciente de que se trata de uma publicação inovadora, tanto do ponto de vista conceitual, quanto das aplicações no complexo universo do movimento corporal, do esporte e da atividade física. A riqueza de significados colocados em cada tópico, as experiências relatadas para tornar claro cada argumento (principalmente as vividas no Sesc Verão 2009), a consistência demonstrada pelo grupo de escritores (resultado de muitos anos mergulhados na compreensão dos fundamentos da teoria das inteligências múltiplas),e a diversidade de ambientes das várias unidades do Sesc e condutas criativas na elaboração das propostas dos gestores me remeteram a importantes ganhos para a continuação do meu exercício profissional.

Fica a certeza de que a cada releitura estarei resgatando todo o circuito colocado no parágrafo anterior e faço minhas as palavras de Thiago de Mello: "Não tenho caminho novo. O que tenho de novo é o jeito de caminhar".

Introdução
ATIVIDADE FÍSICO-ESPORTIVA, SAÚDE E ESTILO DE VIDA

Hermes Ferreira Balbino

Vivemos em uma sociedade em que o estilo de vida tem seu referencial de qualidade marcado pelo padrão capitalista, com seus constantes aumentos de produção de bens, ofertas de compras facilitadas e publicidade direcionada à venda e ao lucro rápido, incentivando o consumo e seus padrões. Nesse contexto, a "necessidade" de consumir leva as pessoas a adotar comportamentos que provocam o aumento do número de indivíduos que apresentam tipos de funcionamento orgânico inadequado como obesidade, hipertensão e diabetes. Isso tem preocupado as instituições responsáveis pela promoção da saúde como um direito do cidadão. Tais problemas possivelmente são ampliados pelo ritmo dos sistemas urbanos ou pela maneira como as pessoas encaram os problemas diários, quando dedicam muito de seu tempo disponível ao trabalho, o que tem como consequência o estresse e a fadiga. Aliados a isso, os efeitos do sedentarismo e de condutas equivocadas no cuidado com saúde, como alimentação rápida e desequilibrada, afetam negativamente a maioria das pessoas.

Nesse estilo de vida, ao oferecer um modelo comportamental de consumo para a compra ou a conquista do "físico perfeito" – um modelo que impacta as pessoas com um padrão imaginário de excelência que, indiretamente, distorce e influencia a percepção de sua autoimagem –, a mídia favorece o fortalecimento desse contexto. No fluxo contrário estão as áreas que tratam da saúde em seu aspecto multidimensional, em que a transdisciplinaridade é considerada fundamental para conscientizar as pessoas na busca de um estilo de vida que propicie estado de saúde equilibrado. Espera-se que este movimento estimule mudanças de hábito e enfoque os setores da vida que estão desequilibrados ou cujos cuidados ainda são insuficientes.

Nesse cenário, o Sesc São Paulo vem atuando no sentido de promover a atividade humana em diversas áreas que visam ao bem-estar e à qualidade de vida da população.

Dentro de uma visão institucional, há, no Sesc, valores que determinam objetivos como: promover atividades físicas e esportivas por meio de práticas prazerosas e lúdicas, evidenciar a participação democrática no esporte e respeitar o ritmo de cada participante. Através das atividades propostas nos ambientes institucionais do Sesc, o público tem a possibilidade de entrar em contato com questões simples, como a necessidade do convívio social participativo e efetivo, em uma perspectiva que permite à pessoa atingir um estado de saúde mais equilibrado dentro de suas possibilidades e de seu alcance. Daí decorre a necessidade de aprofundar os trabalhos dos educadores da área físico-esportiva da Instituição.

O pesquisador da atividade física Wagner Wey Moreira afirma que "o ato mecânico no trabalho corporal da educação física deve ceder lugar ao ato da corporeidade consciente da educação motora"[1]. Nesse aspecto, há que se eleger uma abordagem que dê sentido a esse conjunto de atividades e que, com conteúdos atualizados, possa fundamentar de maneira mais adequada as programações para um trabalho físico-esportivo institucional (como é o caso do Sesc, que recebe diferentes perfis de público) que estimule cada pessoa a compreender o próprio corpo e entender que é possível ativá-lo de diferentes maneiras. Para que isso aconteça, pressupõe-se e entende-se que a pessoa se expresse através de movimentos corporais tenha potencial, a ser estimulado, para múltiplas competências que, em práticas elaboradas por pedagogos do movimento, possivelmente vão se manifestar como habilidades em ambientes em que sejam funcionalmente necessárias.

---

1. Wagner Wey Moreira, "Por uma concepção sistêmica na pedagogia do movimento", *Educação física e esportes: perspectivas para o século XXI*, Campinas: Papirus, 1992, pp. 199-210.

A estrutura da sociedade contemporânea é tal que, apesar da ênfase dada à reflexão acerca dessa temática, os movimentos corporais não são suficientemente estimulados. Em outra perspectiva, há muitos profissionais da área da saúde que se preocupam com as consequências do sedentarismo para a população, e essa inquietação os tem levado a buscar estratégias inspiradoras para promover a prática de atividades físicas. Um dos grandes desafios que esses profissionais têm pela frente – e que é objeto de discussões sobre a participação das pessoas em atividades oferecidas por instituições públicas, clubes e outros órgãos ativos da comunidade – é a questão da constância e da regularidade na prática dessas atividades. Existem muitos eventos de saúde e bem-estar que oferecem diversificados programas de atividades e atraem boa participação das pessoas. No entanto, no que tange à regularidade do exercício físico dos participantes após seu término, não obtêm resultados convincentes, servindo muito mais para motivar do que para instaurar a disciplina constante e sistematizada. Pergunta-se, então, o que os profissionais da área devem fazer de diferente para que o cidadão se interesse em dar continuidade aos programas que promovem o bem-estar e a qualidade de vida através das práticas corporais? E como esses programas podem oferecer algo que vá além das descobertas e da exploração das habilidades e capacidades estimuladas por meio desse tipo de trabalho? E é em resposta a essas questões que surgiram os programas de atividades do Sesc, como o Sesc Verão 2009.

O projeto Sesc Verão 2009

Verão no Brasil. As unidades do Sesc no estado de São Paulo idealizam um programa de atividades para seus usuários no período do ano em que a frequência às unidades aumenta em virtude do clima e das férias escolares. Para arquitetar os programas e construir as práticas, a concepção pedagógica da ação sociocultural é tomada como referencial norteador. Empenhado em contribuir para a construção de uma sociedade voltada para o bem comum, o Sesc, através de seus gestores e pedagogos do movimento, procura ampliar as possibilidades dessas atividades, por meio de ações programáticas que promovam o desenvolvimento da cultura, da educação e da participação irrestrita. Está claro que a atividade física e esportiva faz parte da cultura de um povo e constitui um fenômeno sociocultural cujos valores e conteúdos permeiam o cotidiano da sociedade, podendo ser um meio de desenvolvimento e transformação do cidadão. Entre os eventos realizados pelo Sesc São Paulo, destaca-se o Sesc Verão, que em 2009 teve sua 14ª edição. Tal projeto ocorre anualmente, nos meses de janeiro e fevereiro, em todas as unidades Sesc da capital e do interior, reunindo aproximadamente 1,8 milhão de pessoas. Em âmbito institucional, o evento desenvolve atividades que visam sensibilizar a comunidade para a importância da prática cotidiana de atividade física relacionada à saúde, ao lazer e à expressão corporal. Para a organização de suas práticas, o Sesc Verão tem como foco o indivíduo que deseja desenvolver seus potenciais rumo à realização pessoal. Portanto, diversos estímulos são necessários para que esse indivíduo possa modificar de maneira consciente e sustentável o ambiente em que vive, de modo a beneficiar sua saúde e qualidade de vida. Com ações e programas diferenciados, e tendo como um de seus propósitos norteadores o desenvolvimento da cidadania e a inclusão social, o Sesc está sempre em busca de novas propostas e opções para melhorar a qualidade de vida das pessoas que participam ativamente de suas programações. Em 2009, foi escolhida a teoria das inteligências múltiplas para fundamentar a construção de uma programação, apresentada ao público por meio da campanha: "Sesc Verão 2009 – Movimente-se! Exercite suas inteligências. Faça um verão diferente!".

Os textos que seguem, em sua primeira parte, marcam a presença de diversos profissionais que têm participado da constituição de uma conduta pedagógica da cultura corporal no Sesc. Esses autores trazem sua colaboração com ensaios temáticos a respeito de suas especialidades, expondo o conhecimento que aplicaram nas práticas construídas para os pedagogos do movimento do Sesc em palestras vivenciais e treinamentos de capacitação. Tais temas buscam explorar a significativa vivência da diversidade esportiva, as novas tendências na pedagogia do esporte, o conceito aprofundado de inteligência e a construção de jogos com base na ótica da teoria das inteligências múltiplas (IM). Já o material que compõe a segunda parte do livro apresenta fotografias de algumas atividades desenvolvidas durante o projeto Sesc Verão 2009, relacionando-as com as inteligências múltiplas ali requeridas.

A terceira e última parte trata da experiência do Sesc Verão 2009 propriamente dita, com os pilares para a construção de práticas afinadas com as ideias do humanismo e das inteligências múltiplas. Aí se encontram também relatos das atividades desenvolvidas pelos gestores e pedagogos do movimento, responsáveis pelas programações da experiência do Sesc Verão 2009 e pelo aprendizado resultante.

O conteúdo desta publicação visa ajudar também outros pedagogos do esporte e da atividade física a desenvolver e construir métodos e procedimentos mais eficientes para identificar e valorizar as inteligências de participantes em atividades desse âmbito, atraindo-os para contextos que promovam a prática de movimentos corporais a partir de uma perspectiva científica. Trata-se, basicamente, de adequar as práticas a seus participantes, em vez de contar com a participação somente de pessoas que têm qualificação ou nível para determinados exercícios ou atividades.

Parte I
SOBRE MÚLTIPLAS POSSIBILIDADES NA PEDAGOGIA DO ESPORTE E DA ATIVIDADE FÍSICA

1. Pedagogia do esporte e da atividade física com base na teoria das inteligências múltiplas: primeiros movimentos

Hermes Ferreira Balbino

A aplicação da teoria das inteligências múltiplas aos ambientes do Sesc Verão

A demanda inicial de um conhecimento que fundamentasse a organização das práticas contidas nas programações do Sesc Verão, em sua edição de 2009, levou seus organizadores a buscar uma teoria que, de forma ampla e objetiva, abarcasse os propósitos da entidade. Para a construção e realização do programa de práticas corporais, foi eleita a teoria das inteligências múltiplas (IM)[1], de Howard Gardner, como referência conceitual a ser utilizada na transferência dos propósitos iniciais do Sesc Verão. Este capítulo apresenta um apontamento inicial da teoria e suas relações com as manifestações da cultura corporal, conceituando os domínios e os estímulos de habilidades e competências pertinentes a cada uma das inteligências.

Em 1983, Howard Gardner, psicólogo do desenvolvimento, publica *Frames of mind: the theory of multiple intelligences*[2]. Insatisfeito com o conceito amplamente utilizado para medir o desempenho cognitivo de alunos – que valorizava o quociente de inteligência (QI) –, Gardner, a partir de estudos que realizou em diversas áreas relativas à cognição (entre elas a genética, a neurociência, a psicologia, a educação e a antropologia), propõe uma nova visão. Para ele, as pessoas são dotadas de múltiplas inteligências em potencial, representadas por diversas competências e habilidades

---

1. Vilma L. Nista-Piccolo trata do tema de forma aprofundada no capítulo 2 deste livro: "A teoria das inteligências múltiplas: o que é ser inteligente?".
2. Howard Gardner, *Frames of mind: the theory of multiple intelligences,* Nova York: Basic Books, 1983.

que, ao longo da vida, podem ser desenvolvidas e estimuladas. Gardner categorizou cada uma das modalidades de inteligência desse conjunto, denominando-as: lógico-matemática, verbal-linguística, musical, espacial, corporal-cinestésica, intrapessoal, interpessoal e naturalista. E foi a partir desse conceito mais amplo de inteligência, com suas diversas modalidades, que os organizadores do Sesc Verão, através da programação de atividades, buscaram estimular nos participantes a vivência de seus movimentos corporais. Por meio de ambientações criativas e da composição dos conteúdos – representados por jogo, esporte, dança, ginástica e lutas –, a intenção era proporcionar situações de desafio que desencadeassem a manifestação das inteligências. Na proposta do Sesc Verão 2009, as atividades físicas e esportivas serviriam como estímulos para possibilitar o desenvolvimento das inteligências, ao provocar o aprendizado através da constante superação e resolução de diversos tipos de problemas, ou na manifestação da criatividade por meio das práticas corporais.

A prática esportiva e a atividade física exigem múltiplas habilidades, e o corpo as exibe em suas manobras e movimentos pelos campos, quadras ou salas de ginástica. As percepções estimuladas nestas citadas situações pertencem ao domínio da *inteligência corporal-cinestésica*, associadas ao desenvolvimento das capacidades e habilidades relativas aos movimentos corporais. Para resolver problemas e criar ou combinar novos movimentos estão em jogo outras competências.

No espaço do jogo e da atividade física, a capacidade de entender as possibilidades de deslocamento pertence ao domínio da *inteligência espacial* e, a partir da análise das melhores possibilidades para deslocamentos pelas quadras e pelos campos, tal capacidade também se organiza com base nas escolhas feitas.

Já a capacidade de falar com os companheiros e, ao falar, escolher as melhores estratégias para entusiasmar, motivar e convencer através da linguagem, pertence ao domínio da *inteligência verbal-linguística*.

Esta capacidade ainda se desdobra em possibilidades de relacionamento pessoal, que é habilidade da *inteligência interpessoal,* essencial no âmbito da ação coletiva – seja em equipes esportivas, seja em grupos que se reúnem para a prática regular de exercícios, quando, por vezes, é necessário atender aos exemplos e comandos de um líder, de um professor ou de um técnico.

Nas situações pretendidas, não deixa de ter importância a manifestação da *inteligência lógico-matemática,* responsável por operações numéricas que envolvem lógica. Ela pode se dar pela percepção, abstração e análise da lógica presente nos sistemas táticos ofensivos ou defensivos das equipes em jogos coletivos, ou mesmo na contagem de pontos nos diversos tipos de jogos.

Também é importante a percepção da intensidade necessária de esforço físico e a conscientização do funcionamento dos órgãos e sistemas do corpo humano, regidos por princípios da natureza, em constantes ciclos de transformação: capacidade proveniente da *inteligência naturalista*, que é responsável pela sintonia e adaptação – necessárias principalmente aos praticantes de caminhadas, ralis e enduros – quanto aos ambientes da natureza.

A expressão dos ritmos do corpo em movimento, em sintonia com padrões musicais – capacidade da *inteligência musical* – é evidenciada nos movimentos corporais que se traduzem pela dança, pela ginástica ou pela cadência das rodas de capoeira.

Tal conjunto de atividades permite à pessoa agir com base no autoconhecimento, tendo consciência de suas motivações, de seu temperamento e de seus desejos, capacidade da *inteligência intrapessoal*, presente em desafios que envolvem a superação ou em estados que exigem concentração.

As inteligências e seus estímulos

Os estudos aplicados de Linda Campbell, que teve como colaboradores Bruce Campbell e Dee Dickinson, abordam a teoria das inteligências múltiplas em perspectiva interdisciplinar[3]. Também as propostas das programações do Sesc Verão 2009 se apoiaram

---

3.   Linda Campbell; Bruce Campbell; Dee Dickinson, *Ensino e aprendizagem por meio das inteligências múltiplas*, 2.ª ed., Porto Alegre: Artes Médicas Sul, 2000.

em perspectiva multidisciplinar. Buscamos, com isso, conhecer as possibilidades de estímulos construídos, elaborados, compostos ou outros elementos que pudessem estar presentes no ambiente das atividades físico-esportivas no Sesc. A partir desses aspectos introdutórios, tratamos do conceito de cada uma das inteligências segundo Gardner[4]. As conceituações das inteligências propostas por Gardner e sua descrição sob a ótica de Linda Campbell são apresentadas a seguir.

Inteligência corporal-cinestésica

"Acarreta o potencial de usar o corpo para resolver problemas ou fabricar produtos"[5]. Tem como componentes centrais a capacidade de controlar os movimentos do próprio corpo e de manipular os objetos habilmente.

As atividades físicas e esportivas estão no âmbito dessa inteligência. O movimento corporal é uma das suas expressões. Estímulos variados podem ampliar as diversas possibilidades de percepção e, assim, auxiliar no desempenho de outras inteligências, pois, nas atividades que envolvem movimentos corporais, são constantemente ativados os cinco sentidos. Dessa maneira, atividades vivenciadas nos domínios da inteligência corporal-cinestésica levam ao aumento das relações da pessoa com o seu ambiente físico, trazendo a ela possibilidades de aprofundar suas experiências ao vivenciá-lo.
A inteligência corporal-cinestésica está associada à ideia de que corpo e mente se manifestam de maneira integrada, revelando-se nos diversos tipos de desempenho do corpo em movimento, o que permite gerar novas percepções, que vão ser elaboradas pelas outras inteligências. Resultam daí novas experiências de vida,

---

4. Howard Gardner, *Inteligência: um conceito renovado*, Rio de Janeiro: Objetiva, 2000.
5. *Idem, ibidem*, p. 57.

com sensações e percepções diversificadas que ocorrem no corpo, pois é por seu intermédio que existimos no mundo[6].

Inteligência verbal-linguística

"Envolve a sensibilidade para a língua falada e a escrita, a habilidade de aprender línguas e a capacidade de usar a língua para atingir certos objetivos"[7]. Tem como componentes centrais a sensibilidade aos sons, à estrutura, à significação e às funções das palavras e da linguagem.

Na pedagogia do esporte e da atividade física, a comunicação verbal tem grande importância na organização de atividades, no exercício de liderança pelo pedagogo e na construção de ações coletivas para resolver questões de equipe. Esse exercício pedagógico se dá através de explicações e é significativo para o sucesso da atividade, tanto para os professores ou técnicos como para os alunos ou aprendizes. Nas atividades que envolvem essa inteligência, os estímulos se dirigem para desafios que levam o aprendiz a verbalizar opiniões e ideias, exercitar o incremento do vocabulário, usar de maneira adequada a gramática ou mesmo ter acesso a como fazê-lo, construindo pensamentos e usando a fala para expressar o desenvolvimento e a conclusão de um raciocínio.

Inteligência lógico-matemática

"Envolve a capacidade de analisar problemas com lógica, de realizar operações matemáticas e investigar questões cientificamente."[8] Manifesta-se pela sensibilidade e a capacidade de discernir padrões lógicos ou numéricos, e pela capacidade de lidar com longas cadeias de raciocínio.

---

6. Linda Campbell; Bruce Campbell; Dee Dickinson, *op. cit.*
7. Howard Gardner, *op cit.*, 2000, p. 56.
8. *Idem, ibidem,* p. 56.

Os estímulos ativam o pensamento lógico sequencial, ou, no trato com os números, o raciocínio lógico, o reconhecimento de determinadas situações como problemas, oferecendo a possibilidade de, para resolvê-los, trabalhar com estratégias cognitivas. As soluções podem se dar por operações do pensamento e, nesse caso, não serem verbalizadas. Na pedagogia do esporte e da atividade física, os desafios à lógica construídos pelas regras do jogo estimulam introdutoriamente a capacidade de trabalhar com essa inteligência. Exercitar-se com o corpo, em um ambiente organizado por regras que restringem as ações, pode oferecer possibilidades criativas também a partir dessas restrições, como resultado da busca constante da lógica de um conjunto de ações.

Inteligência musical

"Acarreta habilidade na atuação, na composição e na apreciação de padrões musicais"[9]. Capacidade de produzir e apreciar o ritmo, o tom, o timbre e, portanto, a apreciação das formas de expressividade musical.

Entendemos os estímulos da inteligência musical para as atividades físicas e esportivas como exercícios corporais e jogos com identificação de sons diferenciados, percepção da alternância de sua intensidade, desafios com ritmos corporais diversificados, orientados por tom musical ou melodias. Os estímulos podem ocorrer com o incremento de jogos do corpo em ritmos diversos ou em atividades que associem movimentos corporais a melodias, ritmos e a emoções nutridoras.

Inteligência espacial

"Tem o potencial de reconhecer e manipular os padrões do espaço amplo, bem como os padrões de áreas mais confinadas,

---

9. *Idem, ibidem*, p. 57.

reduzidas"[10]. Capacidade de perceber o mundo visuoespacial e de alterar padrões nas percepções iniciais (ver o "mesmo" de diferentes maneiras).

Os estímulos se voltam para atividades que usam a orientação dos movimentos corporais e sua localização em espaços, sejam amplos ou reduzidos, e também para a percepção e a imaginação de formas espaciais variadas, e, ainda, o uso dessas formas em situações desafiadoras. Os deslocamentos pelo espaço do jogo, pelos espaços oferecidos nas atividades corporais, levam a pessoa a buscar constantemente localizar-se com precisão. Outras possibilidades em que os estímulos acarretam o uso da imaginação para participar criativamente do jogo e da atividade física, ou para recriar movimentos usando a memória, surgem, por exemplo, ao manipular objetos ou trazer formas espaciais da dimensão criativa da imaginação e transformá-las em objetos ou movimentos corporais expressos no mundo concreto da terceira dimensão.

Inteligência interpessoal

"Denota a capacidade de entender as intenções, as motivações e os desejos do próximo, e, consequentemente, de trabalhar de modo eficiente com terceiros"[11]. Capacidade de discernir e responder adequadamente aos estados de humor, temperamentos, motivações e desejos das outras pessoas.

Os estímulos podem constituir-se em desafios que envolvam a necessidade de relacionamentos construtivos para que um grupo obtenha sucesso em alcançar determinados objetivos, como ocorre em jogos coletivos ou atividades construídas a partir da necessidade de ação de vários participantes em interdependência, para que se alcance o resultado desejado. Em

---

10. *Idem, ibidem*, p. 57.
11. *Idem, ibidem*, p. 57.

outra possibilidade, o técnico ou professor que comanda a atividade solicita que os participantes se posicionem acerca de suas impressões a respeito do desenvolvimento da atividade física ou esportiva, para que o grupo possa construir um sistema de valores pessoais com o objetivo de promover a compreensão que os participantes podem ter uns dos outros e de suas opiniões. A inteligência interpessoal fundamenta-se na capacidade de perceber o outro no que se refere às mais diversas expressões pessoais, como estados de ânimo, motivações, intenções e temperamentos. Para o estímulo específico dessa inteligência, indicamos jogos cooperativos tomados como exemplos de procedimentos pedagógicos[12].

Inteligência intrapessoal

"Envolve a capacidade da pessoa de se conhecer, de ter um modelo individual de trabalho eficiente – incluindo aí os próprios desejos, medos e capacidades – e de usar essas informações com eficiência para regular a própria vida"[13]. Tem como componentes centrais o acesso à própria experiência e distinção dos sentimentos gerados pela vivência das emoções, e o conhecimento das forças e fraquezas pessoais.

O estímulo dessa inteligência consiste em criar um ambiente para nutrir a percepção dos diversos comportamentos presentes nas atividades físicas e esportivas, para, a partir do conhecimento de seus limites e possibilidades, dar vez ao autoconceito da pessoa. A geração de experiências que oferecem essa oportunidade e o acesso do indivíduo a seus recursos internos em situações desafiadoras promovem possibilidades de autoconhecimento através de atividades físicas e esportivas. Espera-se que a tomada de consciência de recursos internos – confiança, coragem, motivação – permita à pessoa superar desafios enfrentados em outros

---

12. Ver capítulo 4 deste livro: "Pedagogia do esporte e as inteligências múltiplas: ensino, vivência e aprendizagem socioesportiva".
13. Howard Gardner, *op cit.*, 2000, p. 58.

momentos de sua vida, como as diversas situações-problema e tarefas do cotidiano que pertencem a esse domínio.

Inteligência naturalista

"Capacidade para reconhecer a flora e a fauna, fazer distinções coerentes no mundo natural e usar tal capacidade de maneira produtiva"[14]. Perícia em distinguir entre membros de uma espécie, em reconhecer a existência de outras espécies próximas e em mapear as relações, formal ou informalmente, entre várias espécies e sistemas, vivos ou não.

As atividades que servem para despertar a curiosidade em relação ao mundo vivo e aos objetos, ao desenvolvimento corporal ao longo do tempo, ou mesmo associar conceitos do funcionamento do organismo nas atividades físicas e esportivas pertencem ao domínio dessa inteligência. Os estímulos podem incluir a utilização de todos os sentidos para, a partir das padronizações e classificações inicialmente realizadas, discriminar elementos, e consequentemente, organizar novos estímulos. Aqui cabem os relacionamentos, com seres vivos ou objetos, interação com espécies animais, sintonia com o mundo dos organismos.

Constituição de uma cultura corporal: a prática da teoria das inteligências múltiplas

A vivência das práticas corporais – em atividades clássicas como esporte, jogo, ginástica, lutas, dança – pode ser desenvolvida de diversas maneiras, com base nas características específicas de cada atividade e no adequado tratamento pedagógico dado a seus diversos componentes. Todas essas atividades têm o movimento humano como elemento principal.

---

14. *Idem, ibidem*, p. 64.

Ao movimentar-se, o ser humano expressa significados com seu corpo. Esses, ao se unirem a outros significados expressos por outras pessoas em movimento, estabelecem uma comunicação contínua. Para gerar uma cultura corporal fundamentada na ideia da multiplicidade integrada de competências cognitivas e da validação de diversas capacidades pessoais, como aponta a teoria das inteligências múltiplas, essa perspectiva de incessante comunicação por meio dos movimentos corporais pode ser explorada nas atividades físico-esportivas. A expectativa de participação do maior número possível de pessoas pode ser contemplada se as práticas forem capazes de atender aos pontos de interesse mais evidentes em cada participante, oferecendo assim, dentro de uma programação de atividades, múltiplas opções de acesso.

De certa maneira, as pessoas podem expressar qualquer inteligência em um nível adequado de competência. Cada indivíduo, em seu constante processo de aprendizagem, pode entrar em contato com suas competências cognitivas e perceber o potencial latente de suas várias inteligências, que podem ser ampliadas e nutridas por diferentes atividades em seu cotidiano. Se tomarmos como exemplo um jogo de basquetebol com os amigos, vê-se que isso é valido também no âmbito da expressão de competências que envolvem as pessoas, o movimento humano e seus significados: na atividade esportiva, as pessoas podem participar de maneira adequada, eficiente e prazerosa, respeitando as regras e normas do jogo, enquanto se movimentam pelo campo de disputa segundo suas possibilidades e habilidades.

Como qualquer outra atividade em outras áreas, as atividades de desenvolvimento físico-esportivo podem estimular de diversas formas as múltiplas inteligências. Podemos tomar como exemplos disso: o diálogo desenvolvido entre alunos e professores; as atividades que envolvem a compreensão do universo da música em aulas de dança; a vivência das atividades rítmicas e da sincronia de movimentos em uma jogada esportiva; as percepções e sensações do corpo se movimentando no espaço, ao realizar um salto ou uma jogada em uma modalidade esportiva; as práticas de exercícios de força em superfícies instáveis; a percepção dos diversos elementos presentes no ambiente em atividades físico -esportivas na natureza; a relação do jogador que participa de um esporte coletivo com sua equipe, ou mesmo a influência de um líder dentro de uma equipe.

O homem em movimento: expressão da inteligência corporal-cinestésica

O controle dos movimentos do próprio corpo e a capacidade de manusear objetos com habilidade constituem o centro da inteligência corporal-cinestésica. Quase todos os papéis culturais, porém, envolvem mais de uma inteligência, e nenhum tipo de desempenho ocorre exercitando simplesmente uma única inteligência. A habilidade em expressar uma trama cognitiva complexa requer a contribuição de vários domínios da inteligência. Quando um ator está em cena ou um atleta se encontra no instante decisivo de uma competição, a objetividade, a localização ideal no espaço ou no campo de jogo, os sentimentos e a ação motora eficaz são traduzidos em um conjunto de movimentos que constituem a ação executada para alcançar a vitória ou o desempenho bem-sucedido.

Do mesmo modo, o domínio de funções simbólicas, como a representação (reconhecer, descrever e dar nome a pessoas ou objetos) e a expressão (comunicar um estado de espírito, como alegria ou drama), proporciona ao indivíduo a oportunidade de mobilizar suas capacidades corporais para comunicar mensagens e intenções diversas. Aqui, vale uma nota importante: para Gardner, uma vez que o funcionamento simbólico humano tenha se tornado uma realidade, o sistema motor altera-se para sempre. A simbolização, tida como corte impactante no processo evolutivo do homem, separa – da manifestação expressiva desenvolvida por outros animais – a dimensão expressiva da inteligência corporal manifestada pelos seres humanos.

A expressão de sentimentos e ideias através do movimento e gestualidade humanos ganha significado compreensível graças à manifestação de várias inteligências em ação. A teoria esclarece muitas questões em torno da humanidade dos movimentos, e do quanto a expressão dos movimentos carrega consigo desejos, intenções, virtudes e outros elementos próprios da condição humana. A seguir, apresentamos alguns exemplos, colhidos em *Estruturas da mente*[15], com a finalidade de demonstrar o desafio significativo, que é, para muitas pessoas, ver a expressão corporal como algo inteligível.

A supervalorização das competências verbais-linguísticas (em comparação a outras habilidades) evidencia-se nesta observação da bailarina Martha Graham, ao comentar acerca da expressão de uma habilidade aparentemente não correlata com a capacidade de movimentar-se expressivamente e de maneira ordenada:

> Muitas vezes tenho comentado a extrema dificuldade de manter, com a maioria dos dançarinos, qualquer tipo de conversação que tenha coesão lógica – a mente deles apenas parece ficar pulando (talvez como o meu corpo); a lógica – tal como ela é – ocorre no nível da atividade motora[16].

Em outro exemplo, ao comparar a aprendizagem da habilidade de dançar com a aprendizagem de uma língua nova, Mikhail Baryshnikov, bailarino russo mundialmente conhecido, aponta para a necessidade da diversificação da expressão corporal. Tal exercício seria, para ele, semelhante a expandir as possibilidades de movimento através da flexibilidade e do alcance de significados e expressões do corpo em movimento. A necessidade de comunicação corporal na dança exige um repertório de movimentos que, como diz Gardner[17], nunca vai significar o bastante.

---

15. *Idem, Estruturas da mente: a teoria das inteligências múltiplas*, Porto Alegre: Artes Médicas, 1994.

16. *Idem, ibidem*, p. 174.

17. *Idem, ibidem*.

Em outro exemplo, Gardner cita Stanislávski. No método deste, para o *performer* desenvolver e adquirir uma determinada técnica, é preciso que a prática do treinamento o coloque num estado criativo no qual o subconsciente consiga manifestar-se naturalmente. Em sua concepção, a expressão de tal técnica tem, levando em conta nossa natureza criativa subconsciente, a mesma relação que a gramática estabelece com a composição de poesia (criar novos significados seja dentro de regras, seja rompendo com elas).

> Alguns músicos possuem o poder de reconstruir os sons internamente. Eles repetem na mente uma sinfonia inteira que recentemente ouviram [...]. Alguns pintores possuem o poder da visão interna em tal grau que podem pintar retratos de pessoas que viram, mas que não estão mais vivas [...]. Os atores têm esse mesmo tipo de poder de visão e som[18].

Aqui é possível observar que uma técnica para expressar sentimentos, desenvolvida com base na emoção, estimula a inteligência intrapessoal, enquanto outra, que enfatiza a relação com elementos do ambiente, mobiliza a inteligência interpessoal. Essas técnicas se expressam tendo como fundo a inteligência corporal-cinestésica.

O atleta, outro representante do domínio da inteligência corporal-cinestésica, é valorizado em culturas que, como a nossa, enfatizam a inteligência do corpo. Sobressai em graça, força, velocidade, precisão e trabalho em equipe. E, para seus observadores, serve como meio de entretenimento, estímulo e liberação. Gardner exemplifica isso com o depoimento de Gretzky, um esportista que pratica hóquei:

> Nove entre dez pessoas pensam que o que faço é instinto [...] Não é. Ninguém jamais diria que um médico aprendeu sua profissão por instinto: assim, a meu próprio modo despendi

---

18. *Idem, ibidem*, p. 177.

quase tanto tempo estudando hóquei quanto um estudante de medicina coloca no seu estudo[19].

Aprender com a experiência do corpo em movimento

Comte-Sponville, em seu *Dicionário filosófico*, ao definir cultura, afirma que: *"cultura* pode designar tudo o que é produzido ou transformado pela humanidade; esse conceito se aplica a produtos ou a práticas, permanecendo em geral privado de qualquer alcance normativo"[20]. Lamentando a perda do ideal grego de harmonia entre mente e corpo – em que se nota a mente treinada para usar o corpo adequadamente, e o corpo treinado para responder aos poderes expressivos da mente[21], Gardner observa que, nas tradições culturais da idade moderna, no estudo da natureza humana, houve uma separação radical entre mente e corpo[22]. Contra essa concepção, ainda vigente em certos círculos, o sentido da prática de atividades físicas e de modalidades esportivas de maneira consciente, integrando a percepção com o conhecimento das experiências vividas pelo ser corporal, foi um dos fundamentos norteadores do Sesc Verão.

Campbell e coautores afirmam que "a inteligência corporal-cinestésica é a base do conhecimento humano, pois é através das nossas experiências sensório-motoras que experimentamos a vida"[23]. A partir disso, a ideia da cultura do corpo em movimento cria a necessidade de estabelecer ambientes inteligentes, voltados para temas como movimento, esporte e atividade física, seguindo o conceito da *cultura corporal de movimento*, que define a pessoa como um ser dinâmico, dotado de individualidade e autonomia, integrado a um contexto cultural igualmente ativo e repleto de significados socialmente estabelecidos. No Sesc, o ambiente

---

19. *Idem, ibidem,* p. 180.
20. André Comte-Sponville, *Dicionário filosófico,* São Paulo: Martins Fontes, 2004.
21. Howard Gardner, *op, cit.,* 1994.
22. A partir das ideias de René Descartes (1596-1650).
23. Linda Campbell; Bruce Campbell; Dee Dickinson, *op. cit.,* p. 78.

integrado de corpo e cultura procura contemplar não só as dimensões física, psicológica e social daqueles que participam das atividades, mas, a partir do reconhecimento desses aspectos, identificar o ser humano com a sua totalidade integrada.

A cultura corporal que se desenvolve através das atividades promovidas nos ambientes do Sesc busca ultrapassar a reduzida visão biológica do ser humano, sem deixar de atribuir-lhe o seu devido valor. O ser humano, em sua totalidade e integração, faz a síntese das características biológicas, psicológicas, sociais e culturais que vão lhe oferecer uma expressão – uma figura idealizável que representa crescimento e desenvolvimento, e que reflete as possibilidades de explorar o mundo mediante múltiplas competências tidas como inteligências. Do resultado dessa exploração é possível que se venha a ter pessoas comprometidas em oferecer seus serviços, habilidades e capacidades às comunidades humanas.

Voltando à reflexão inicial acerca do movimento humano, lembramos que ele é identificado como integrante do conceito de cultura em um de seus aspectos mais amplos, e como meio tipicamente humano, estabelecido de forma singular no espaço criado entre a pessoa e o ambiente. Extremamente flexível e mutável a cada instante, o movimento engloba tudo o que a pessoa, em sua condição humana, produz ou transforma no espaço psicogeográfico de sua expressão corporal. Podemos dizer, portanto, que ambientes inteligentes que constituem a dimensão da cultura corporal são aqueles que estimulam e oferecem possibilidades de expressão da cultura corporal de movimento, através de atividades que levam em conta a totalidade da pessoa, em contínua construção da cultura relacionada a aspectos corporais e de movimento.

Assim, aprender com o corpo está na contramão das maneiras clássicas de aprender, em que, como afirma Robert McKim[24], os processos internalizados de raciocínio superam as estratégias que envolvem os sistemas sensoriais, ou de raciocínio externalizado. O mundo globalizado contemporâneo, com seu estilo de vida

---

24. Robert Mckim, *Experiences in visual thinking,* Monterey: Brooks/Cole, 1980.

baseado em privilégios e na desigualdade – que oferece menor número de oportunidades para a aprendizagem vivencial e participativa –, pode levar pessoas a se desmotivarem ao passar por experiências em que os processos de aprendizagem são passivos e requerem muita abstração.

As atividades físicas e esportivas em seu sentido mais amplo – quando atingem os aspectos físicos, mentais, sociais, emocionais e espirituais –, oferecem, como afirma Gallahue[25], mais do que simples exercícios. Trabalhar com a pessoa de maneira profunda, em suas múltiplas facetas, pode tornar mais motivadoras e estimulantes as atividades de aprendizagem, encorajando as associações positivas e nutridoras a este tipo de experiência corporal.

A teoria das inteligências múltiplas e a conexão de culturas

Expressão da cultura norte-americana, a teoria de Gardner foi exportada para o Brasil por volta de 1994 – ano da publicação, aqui, da obra *Estruturas da mente*[26]. Alguns pedagogos receberam a teoria como referencial para organizar práticas; outros, como publicação de estudos avançados ligados às maneiras de ensinar e aprender. A teoria também se deslocou para o contexto da cultura do corpo em movimento e serviu para desenvolver uma nova maneira de elaborar práticas, integrando questões de análise e síntese, compreensão, inteligência, diversidade de atividades e, ainda, criatividade. Esses temas já eram tratados em escritos de muitos dos autores da pedagogia do movimento, entre eles alguns que se opunham à teoria das inteligências múltiplas. Neste momento, não é nosso objetivo trazer à tona tais discussões, ou considerar a teoria de Gardner como referencial único enquanto enfoque pedagógico das atividades da cultura corporal, mas, sim, relatar as experiências e fazer a leitura do conjunto de atividades

---

25. David Lee Gallahue, *Teaching physical education in elementary schools*, 6 ed., Philadelphia: Saunders, 1978.
26. Howard Gardner, *op. cit.*, 1994.

que configurou o Sesc Verão 2009, orientado pelo tema "Movimente-se! Exercite suas inteligências e faça um verão diferente".

Ao referenciar-nos a essa experiência, evidenciamos o caráter construtivo dessa visão pedagógica, com a intenção de, por um lado, fomentar as discussões em torno dos elementos que devem ser repetidos – visto terem se confirmado como construtores da aprendizagem – e, por outro, tomar conhecimento das tentativas que fracassaram.

Para Gardner, cada inteligência representa a manifestação de produtos culturalmente valorizados[27]. Como manifestação de cultura corporal, tomamos o corpo em movimento integrado ao movimento do corpo e como isso se expressa –tanto em estética, beleza, subjetividade – na síntese do seu significado. Gardner também interpreta, a partir dos conceitos fundamentais da teoria das IMs, que tal manifestação se dá na formulação e resolução de problemas culturalmente relevantes[28]. Em nosso país – e mais ainda, quando outros países entram na comparação –, a valorização da cultura do corpo em movimento difere de uma cultura para outra. Dentro das diferentes unidades do Sesc, a aceitação da teoria das inteligências múltiplas pelos pedagogos do esporte e da atividade física se deu diante da oportunidade de criação de novos produtos, destinados a expressar ou possibilitar a expressão da pessoa em movimento, em seus diferentes nichos culturais, quando presente em ambientes orientados por conduta pedagógica de técnicos e professores. Gardner ressalta ainda a utilidade e a importância de, em certos ambientes culturais (diversos do habitual, por exemplo), saber fazer uso da inteligência. O propósito de integração dos aprendizados às necessidades da vida cotidiana traduz esse pré-requisito: as inteligências valorizadas em si. Se não o fossem – e aqui consideramos um apontamento de Gardner[29] – as inteligências perderiam seu sentido de transferência de habilidades voltadas para o bem comum, e transformariam em um hiato

---

27. *Idem, ibidem.*

28. *Idem, ibidem.*

29. Howard Gardner; Jie-Qi Shen; Seana Moran, *inteligências múltiplas ao redor do mundo*, Porto Alegre: Artmed, 2010.

pedagógico o significado sistêmico do corpo em movimento fundamentado pela teoria das inteligências múltiplas.

A aplicação da teoria na pedagogia do esporte e da atividade física

É fato que as oito inteligências podem integrar (incorporar) competências e habilidades expressas dentro de conteúdos da cultura corporal, como o esporte, a dança, as lutas, o jogo e a ginástica. Tais conteúdos abrangem: atividades de música; literatura específica ou expressões linguísticas; estruturas simbólicas que envolvem a lógica; organização de grupos e sistemas de coletividade; movimentos corporais; integração intrapessoal; utilização de espaços restritos como uma quadra esportiva ou uma sala de ginástica; e entendimento da natureza.

Pela valorização das múltiplas possibilidades de construção de práticas corporais, no contexto da cultura corporal, as atividades inteligentes transformam-se integradamente. Em publicação recente sobre o tema, Thomas Armstrong, estudioso e divulgador da teoria de Gardner, expõe suas ideias e aborda o valor cultural da teoria. Ao discorrer sobre o aspecto pragmático da teoria das inteligências múltiplas, Armstrong afirma que ela deve ser observada e considerada não pela capacidade de resolver verdades centrais em questões filosóficas, mas por seu valor aplicado, pela capacidade operacional de gerar novas questões a partir da resolução de um problema anterior[30]. Há, nessa visão, uma tendência a evidenciar valores como o otimismo e o individualismo, que levam a pessoa – ao se expressar em um ambiente propício/desafiador – a alcançar todo seu potencial, alavancada por sua capacidade criativa de propor soluções novas para problemas com diferentes graus de dificuldade. Armstrong aponta também para o valor igualitário das inteligências, pois, em um contexto

---

30. *Idem, ibidem.*

intelectivo de competências e habilidades, cada uma delas se apresenta com o mesmo grau de importância.

Ao fundamentar práticas pedagógicas na teoria das inteligências múltiplas, Gardner considera importante levar em conta algumas implicações. Para o autor, adotar a teoria significa ter como ponto de referência, ao elaborar atividades relacionadas com os domínios das inteligências, as diferenças entre os aprendizes. Em sintonia com esse fundamento, o processo pedagógico deve ser moldado para atender cada pessoa da maneira ideal. Gardner também diz que, a fim de estimular ou ativar diferentes inteligências, qualquer conteúdo ou conceito deve ser ensinado de várias formas, o que confere ao processo pedagógico a possibilidade de atingir um maior número de aprendizes, além de permitir o aprofundamento em determinado assunto[31]. Isso significa oferecer atividades que usem de diferentes linguagens para o corpo em movimento – dança, lutas, ginástica, esportes ou jogos – associadas com diferentes domínios – música, espaço, palavras, números, ambiente natural.

Agora, pensamos que, dentro da pedagogia do esporte e da atividade física, com a experiência que professores e técnicos vivenciaram no Sesc Verão 2009, as inteligências múltiplas se fortaleceram nos diferentes grupos, revelando a receptividade e a criatividade necessárias para fazer com que os propósitos da teoria beneficiassem os participantes das atividades. Com isso, aplicada à cultura corporal, a teoria encontra um novo lugar para se apresentar e desenvolver-se: os espaços de aprendizagem e vivência de cultura.

Em diversos locais do Sesc, puderam ser percebidos os sons, imagens e sensações envolvidos nas atividades. E sabemos que o espaço da cultura corporal é repleto de outros sons, imagens e sensações, e que há muito mais a perceber. Nesse âmbito cultural, pode-se construir um caleidoscópio de atividades, pois o processo pedagógico baseado nas inteligências múltiplas tem relativa facilidade de vir à tona em ambientes dotados de recursos variados

---

31. *Idem, ibidem.*

e que se mostram receptivos a proposições que levam em conta a singularidade da pessoa, somada a atividades multiformes, focadas na cultura corporal em suas diversas e criativas manifestações. No caso do Sesc, estabelecer ambientes que valorizassem a cultura do corpo em movimento, com base nas múltiplas competências do indivíduo, teve impacto positivo, o que confirma o potencial pedagógico da teoria, em sintonia com as demandas das programações e os propósitos do Sesc como promotor da cultura corporal.

Valores de cidadania

Além do sentido de promover o conceito da pessoa em movimento nos espaços do Sesc, a fundamentação de práticas corporais na teoria das inteligências múltiplas assumiu outras significações. Como vamos ver no decorrer dos próximos textos, as práticas que se desenvolveram nas unidades da instituição durante o Sesc Verão 2009 também significaram levar a vivência de valores de cidadania aos participantes. Na medida em que as pessoas são consideradas sob a perspectiva da singularidade, a condução das atividades – mediada pelo conjunto único de suas competências, capacidade e habilidades – leva em conta o poder pessoal de cada um, deixando ao professor ou técnico a responsabilidade de oferecer aos indivíduos uma prática que, a partir de seu sentido, ultrapasse a realização da tarefa e se expresse sistemicamente, dedicando um espaço à manifestação da pessoa em sua completude e oferecendo a possibilidade de que, partindo disso, suas práticas habituais se ampliem e modifiquem-se.

Tal conduta pedagógica – que desloca o eixo da atividade da tarefa em si para a singularidade e individualidade do aprendiz – pode oferecer à pessoa o domínio de suas ações, ou seja, apoderar-se dos objetos do jogo social e cognitivo, e exercer o poder da escolha em suas atitudes no campo pedagógico, previamente organizado por regras comuns a todos.

A possibilidade de vivenciar a cidadania a partir de atividades corporais pode estimular o desenvolvimento de atitudes que visem ao bem comum. É importante ressaltar que, em sua teoria, Gardner valoriza as competências e habilidades que significam inteligência por serem dotadas do propósito de servir aos interesses e necessidades de uma comunidade.

Esse propósito pode atingir amplitudes maiores, que extrapolam os objetivos propostos por pessoas ou instituições que operam em âmbito local. Distribuídas pelo estado de São Paulo, todas as unidades do Sesc participaram do programa "Exercite suas inteligências". Muitas pessoas passaram por ali e puderam experimentar e vivenciar tais atividades, sendo influenciadas por elas de diversas maneiras. Espera-se que as experiências multifacetadas – seja na esfera dos movimentos corporais, seja nas das outras competências estimuladas nessas atividades, como as pertencentes às inteligências inter e intrapessoal, naturalista, musical, lógico-matemática, verbal-linguística e espacial – tenham significado ampliação de horizontes para a vida dessas pessoas, permitindo que compreendam o mundo de maneira mais ampla e profunda. Pensando de maneira abrangente, temos a expectativa de que professores e técnicos se sintam entusiasmados essa ideia que oferece múltiplas possibilidades não só de organizar atividades e programas relacionados com a cultura corporal, mas, também, de investir no potencial amplo das capacidades individuais.

A evolução e a influência de uma nova tendência

Com o tempo, vai ser possível constatar a capacidade de permanência e evolução dessa nova tendência dentro da pedagogia do movimento, tendência essa que pode influenciar as esferas institucionais, unindo, por um lado, a motivação dos grupos de professores e técnicos e, por outro, a disposição das instituições de oferecer uma educação e cultura corporais fundamentadas na possibilidade da manifestação de múltiplas competências dos aprendizes.

O caso do Sesc Verão 2009 é um bom exemplo. A semente de viver o pleno exercício da cidadania pode ser regada naqueles momentos em que as pessoas sentem ser possível explorar o mundo em que vivem de diversas maneiras. Nesses momentos, de modo cada vez mais inteligente e ecologicamente desafiador, elas podem também ser conscientizadas de sua responsabilidade pela sustentação do ambiente. Essa atitude pedagógica, no contexto da cultura do corpo, pode dar voz às pessoas e alavancar aulas, grupos, instituições e até mesmo comunidades que dela participam.

No entanto, no mundo da cultura corporal, do homem em movimento, essa iniciativa é só uma pequena centelha. É uma experiência que se inicia e que pode resultar em bons frutos. Mas vai passar por diferentes desafios e possíveis contrapontos em diversos âmbitos – desde o entendimento e a aceitação da teoria das inteligências múltiplas pelos técnicos e professores até as motivações e a logística institucional de promover as práticas nela fundamentadas. Os conteúdos clássicos da cultura corporal podem e devem ser mantidos – e vistos – como um conjunto de atividades a serem exploradas por intermédio de intervenções baseadas na teoria das inteligências múltiplas, ou seja, levando-se em conta a multiplicidade de competências latentes das pessoas.

Entendemos que é uma pedagogia ousada. Mas nós, como Gardner, nos mostramos esperançosos de que a educação do futuro seja individualizada e que a teoria das inteligências múltiplas seja aceita, praticada e desenvolvida, deixando de ser encarada como novidade ou mera alternativa.

Referências

CAMPBELL, Linda; Campbell, Bruce; Dickinson, Dee. *Ensino e aprendizagem por meio das inteligências múltiplas.* 2a ed. Porto Alegre: Artes Médicas Sul, 2000.

COMTE-SPONVILLE, André. *Dicionário filosófico.* São Paulo: Martins Fontes, 2004.

GALLAHUE, David Lee. *Teaching physical education in elementary schools.* 6 ed. Philadelphia: Saunders, 1978.

GARDNER, Howard. *Estruturas da mente: a teoria das inteligências múltiplas.* Porto Alegre: Artes Médicas, 1994.

___. *Frames of mind: the theory of multiple intelligences.* Nova York: Basic Books, 1983.

___. *Inteligência: um conceito renovado.* Rio de Janeiro: Objetiva, 2000.

___; SHEN, Jie-Qi; MORAN, Seana (orgs.). *Inteligências múltiplas ao redor do mundo.* Porto Alegre: Artmed, 2010.

MCKIM, Robert. *Experiences in visual thinking.* Monterey: Brooks/Cole, 1980.

2. A teoria das inteligências múltiplas: o que é ser inteligente?

Vilma L. Nista-Piccolo

A inteligência humana é tema que costuma interessar ao público em geral. Até pessoas que não estudam o assunto gostam de discutir sobre quem é mais inteligente. E pesquisadores de diferentes áreas sempre foram atraídos para essa temática, a ela dedicando suas investigações.

Os achados relativos às primeiras tentativas de medir a inteligência caminham da antropologia à neurociência, passando até mesmo pela informática. São psicólogos, neurocientistas, filósofos e muitos outros estudiosos que debatem o conceito de inteligência e possibilidades de medi-la. Remontam à Antiguidade os estudos voltados para a compreensão do que é ser inteligente, do que fazer para ser inteligente ou, ainda, para tentar identificar quem é inteligente. Mas, para muitos dos estudiosos contemporâneos, a palavra final sobre inteligência ainda não foi dita.

A ideia da inteligência das pessoas estar atrelada a questões lógicas e de argumentação partiu dos filósofos gregos. Desde os tempos antigos, inúmeros estudos têm-se dedicado a explicar o funcionamento do cérebro, mas sempre com a intenção de compreender o que é *inteligência*. De experimentos com animais a programas de computadores, o eixo dessa procura sempre foi buscar a melhor definição para a inteligência humana[1].

Segundo Howard Gardner e autores que seguem sua linha de ideias, as definições de inteligência dependem das pessoas a quem propomos a questão e dos contextos em que tais pessoas estão inseridas, pois as respostas a respeito do que é inteligência estão relacionadas aos aspectos socioculturais que perpassam o ambiente em que elas vivem. Gardner, atualmente um dos pesquisadores de maior destaque nos estudos dessa temática, enfatiza a

---

1. Howard Gardner; Mindy L. Konnaber; Warren K. Wake, *Inteligência: múltiplas perspectivas*, Porto Alegre: Artes Médicas, 1998.

ideia de estar a inteligência diretamente ligada ao contexto cultural, e afirma isso graças às suas investigações sobre quais são os valores que determinado contexto cultural atribui à inteligência de uma pessoa[2].

Em estudos desenvolvidos por ele, enquanto algumas culturas definem inteligência como a capacidade que as pessoas têm para ouvir, discernir e escolher entre situações a elas apresentadas, há culturas que nem sequer atribuem significação para o termo "inteligência"[3].

Anteriormente aos estudos de Gardner, muitos pesquisadores defendiam que a inteligência humana era uma "entidade" que se manifestava no comportamento das pessoas como algo totalmente estável, sem flexibilidade e sem possibilidade de transformação. Isso permitiu que a palavra "inteligência" fosse entendida e disseminada popularmente como propriedade humana inata, algo que é único, hereditário e que, além disso, pode ser medido. Outros estudos indicavam estar a inteligência relacionada a tarefas específicas, mas, principalmente, ser algo mutável, passível de desenvolvimento, ou seja, através do esforço, das oportunidades de ser exercitada pela prática de tarefas, ela pode ser ampliada.

Foi a partir dos achados das ciências da mente que o panorama começou a mudar. Surgiu então a ideia de flexibilidade dos potenciais humanos, que vai pautar os estudos sobre a natureza do conhecimento e o desenvolvimento da intelectualidade. Esses estudos trouxeram novas perspectivas, mostrando que uma pessoa poderia alterar seu potencial por meio de intervenções do seu ambiente.

Para Gardner[4], pensar na inteligência humana como entidade cerebral, ou seja, como se fosse um órgão "físico" do nosso corpo, é um erro. Para ele, inteligência é um potencial que os indivíduos trazem consigo ou que se evidencia por meio das inclinações que

---

2. Howard Gardner, *Inteligências múltiplas: a teoria na prática*, Porto Alegre: Artes Médicas, 1995.
3. *Idem, Inteligência: um conceito reformulado*, Rio de Janeiro: Objetiva, 2000.
4. *Idem, op. cit.*, 1995.

mostram ter para determinadas coisas, mas sempre dependendo do contexto cultural em que estão inseridos.

O termo "inteligência" pode apresentar diversos significados. Se analisarmos sua etimologia, encontramos o latim *inter legere*, entre escolhas/escolher entre (como em *elegere*, eleger), ou seja, inteligência seria aquela capacidade que nos leva a escolher entre uma coisa e outra(s), mas que depende das informações que recebemos ou de como organizamos os dados que uma situação nos apresenta para tomar decisões ou mesmo responder a questionamentos[5]. Entretanto, para Denise Najmanovich, não é possível fixar-se num entendimento único do conceito, pois ele assume diferentes significados de acordo com o contexto cultural: pode ser traduzido como a *perspicácia* que algumas pessoas têm em determinadas situações, ou o *dom* para certas atividades, ou ainda o *talento* para executar tarefas[6]. Já para Zylberberg, "o termo 'inteligência' foi introduzido no meio científico por Herbert Spencer e Francis Galton somente no século XIX, para designar a capacidade humana de resolver problemas"[7]. Mas seria a inteligência uma estrutura presente no organismo humano ou uma função?

Alguns autores, mesmo expressando a dificuldade de se"de-finir" inteligência, afirmam não ser o cérebro aquele que "contém" a inteligência, são os processos ali gerados que podem levar uma pessoa a solucionar um problema de maneira considerada inteligente. A inteligência seria, portanto, uma função ou uma capacidade humana, enquanto o cérebro seria o órgão responsável por seu processamento.

Nesse caminho, a psicologia estudou o conceito a partir da natureza do fenômeno, pautando-se em características biológicas

---

5. Tatiana Passos Zylberberg, *Possibilidades corporais como expressão da inteligência humana no processo de ensino-aprendizagem*, 2007. Tese (Doutorado em pedagogia do movimento). Faculdade de Educação Física da Universidade de Campinas. Campinas, 13 fev. 2007.

6. Denise Najmanovich, *O sujeito encarnado: questões para pesquisa no/do cotidiano*, Rio de Janeiro: DP&A, 2001.

7. Tatiana Passos Zylberberg, *op. cit.*, p. 40.

que explicavam o funcionamento das sinapses ou, ainda, nos processos cognitivos do indivíduo.

São esses estudos que nos direcionam para a concepção de que não há pessoa mais inteligente ou menos inteligente que outra, e sim pessoas que são inteligentes nesta ou naquela situação, dependendo do sucesso que conseguem obter para resolver uma tarefa ou um problema. Isso quer dizer que, culturalmente, atribuímos a qualidade da inteligência a uma ação bem-sucedida que um indivíduo realiza.

No meio científico, o termo "inteligência" é usado para determinar a capacidade que um indivíduo tem para resolver problemas novos, para aprender com rapidez, para fazer e perceber relações, e, principalmente, para pensar de forma abstrata. Ainda que vários estudos tenham sido feitos a esse respeito, podemos dizer que não há consenso sobre o conceito de inteligência, ou mesmo de como ela é manifestada pelas pessoas.

A evolução do conceito de inteligência

Os estudos que buscam esclarecer a evolução do conhecimento sobre inteligência apontam que foi Franz Gall, médico neuroanatomista, quem deu início às pesquisas sobre o funcionamento cerebral, no final do século XVII. Nessa época, as hipóteses eram variadas: imaginava-se que determinadas ações eram controladas por distintas áreas do cérebro; ou, por outro lado, que qualquer parte do cérebro seria igualmente responsável por todas as funções.

No século XIX, apoiados no determinismo biológico, pesquisadores deram ênfase aos estudos de craniometria, o estudo das características métricas do cérebro. Alguma coisa como mais volume, mais inteligência. Acreditavam que, ao medir o cérebro, poderiam classificar a inteligência, mas, para isso, movidos por seus preconceitos, muitas vezes manipulavam os resultados. Nas tentativas de "compreender" o cérebro, fortaleciam crenças sociais, principalmente raciais, a respeito da desigualdade humana.

Segundo eles, na escala da inteligência, os negros e as mulheres estavam no patamar mais baixo[8].

Segundo Gould, na segunda metade do século XIX, o fascínio pelos números, pelo quantitativo, levou as ciências a estabelecer medições rigorosas de praticamente tudo. Alguns testes que apontavam o caráter hereditário da inteligência induziram pessoas a interessar-se em medir o crânio e outras partes do corpo para obter uma quantificação de seu intelecto[9].

Na passagem do século XIX para o século XX, o antropólogo Franz Boas refutou a aplicabilidade dos dados quantitativos (que enfatizavam diferenças raciais) nos estudos do domínio das experiências humanas. "Ele acabou com o legendário índice craniano mostrando que este variava muitíssimo entre os indivíduos adultos do mesmo grupo, bem como no transcorrer da vida do mesmo indivíduo"[10]. Gould também cita Paul Broca, que, já no século XX, defendia a relação entre o desenvolvimento da inteligência e o volume do cérebro. Entretanto, ao estudar profundamente as investigações desenvolvidas por esse professor, conseguiu verificar que seus dados também haviam sido contaminados pelas ideias de uma hierarquia racial[11].

Os resultados das pesquisas mostravam homens brancos – considerados inteligentes – com cérebros pequenos, e tais resultados, aparentemente contraditórios às teses que pretendiam sustentar, direcionaram os novos estudos para a anatomia dos conteúdos do cérebro, em especial suas saliências e reentrâncias, para verificar se eram nesses espaços que se encontravam respostas aos questionamentos que permaneciam incógnitos.

Segundo Gould, só na década de 1920 Louis Bolk substituiu essa teoria pautada nos argumentos antropométricos por aquela da neotenia, que declarava ser mais inteligente o ser em que permanecessem traços infantis (portanto, sempre passíveis de maturação). Os brancos adultos de classes inferiores eram

---

8. Howard Gardner; Mindy L. Konnaber; Warren K. Wake, *op. cit.*
9. Stephen Jay Gould, *A falsa medida do homem*, São Paulo: Martins Fontes, 1991.
10. *Idem, ibidem*, p. 101.
11. *Idem, ibidem*.

classificados no mesmo patamar que as crianças negras. Os cientistas ainda buscavam comprovações da inferioridade dos negros, pois acreditavam que a cor escura da pele e o fato de nascerem em classes sociais inferiores redundava em incapacidade intelectual[12].

Paralelamente à evolução das ciências, houve a necessidade da criação de instrumentos mais confiáveis, que pudessem medir a inteligência de forma mais rigorosa. Nessa época, Alfred Binet era chefe de um laboratório na França e não se convencia de que os métodos até então usados pudessem revelar a capacidade das pessoas de aprender. A pedido do ministro da Educação de seu país, ele desenvolveu técnicas para identificar alunos que precisariam de apoio especializado para a aprendizagem. Criou tarefas com diferentes graus de complexidade e, para expressar a capacidade geral das crianças, atribuiu um valor ao seu desempenho. Essas tarefas eram organizadas como escalas de atividades, cuja execução correta era associada ao esperado de certas idades, revelando, então, a idade mental da criança. O nível intelectual da pessoa era calculado subtraindo a idade mental da idade cronológica; de posse desses resultados, as crianças que apresentassem idade mental inferior à real eram encaminhadas aos programas especiais. Ainda que esses testes atendessem ao propósito solicitado, o próprio Binet continuava dizendo ser impossível medir a inteligência humana[13].

Seus princípios não foram respeitados, pois muitos pesquisadores valeram-se dos testes para classificar pessoas em ambientes diversos. Após sua morte, foi proposta uma alteração na fórmula de cálculo, colocando a divisão no lugar da subtração, revelando, assim, a razão entre a idade cronológica e a mental, cujo número, multiplicado por cem, gerava o quociente de inteligência, conhecido até hoje por sua sigla QI.

Certos de que os testes de QI mediam a inteligência nata, desvelando a real capacidade das pessoas, seus resultados

---

12. *Idem, ibidem.*
13. *Idem, ibidem.*

passaram a indicar as posições que elas deveriam ocupar em suas funções. Evidências de possíveis influências ambientais eram rejeitadas[14]. Tais testes aferiam apenas o raciocínio lógico e a memorização verbal.

A popularidade dos testes fez com que o conceito de inteligência fosse culturalmente determinado como uma capacidade mental herdada e inflexível, que definia até mesmo o futuro das pessoas. A culpa para a não aprendizagem de determinados conteúdos na escola ficava por conta da hereditariedade.

Pesquisadores cognitivistas continuaram as investigações sobre a natureza do conhecimento, e assim os debates a respeito da inteligência humana prosseguiram. Surgiram novos métodos de análise dos testes. Métodos estatísticos complexos comprovavam haver uma inteligência geral e única, que era herdada e podia ser medida, no entanto não davam conta de explicar algumas capacidades. Até que novos cientistas começaram a duvidar do fator hereditariedade e passaram a examinar os processos mentais durante a resolução de problemas, deixando de olhar apenas para o produto final.

De certo modo, a partir do avanço dessas pesquisas, foi possível compreender melhor o funcionamento do sistema nervoso. Surgiram então os estudos de neuroanatomia e de neurofisiologia, gerando novos campos de análise, como a neurociência cognitiva, que nasce da fusão de vários estudos comportamentais. Com novos recursos tecnológicos de alta resolução, como a ressonância magnética, começou a ser desvendado o funcionamento interno do organismo, revelando os caminhos percorridos, no cérebro, pelos estímulos dados pelas conexões sinápticas, seus processos de condução elétrica e suas reações químicas[15].

A neuroplasticidade é detectada demonstrando que é possível uma comunicação entre as áreas cerebrais a partir de conexões neurais em forma de rede. Isso prova a capacidade de mudanças

---

14. *Idem, ibidem*.
15. Jerome S. Bruner, *A cultura da educação*, Porto Alegre: Artmed, 2001.

– tanto nas funções como na estrutura do cérebro –, por meio dos circuitos neuronais.

Foram as evidências obtidas com pesquisas em neurociência que possibilitaram compreender melhor os processos cerebrais, mas o mais importante foi a comprovação das influências culturais e psicológicas nas manifestações do comportamento humano.

Numa perspectiva psicobiológica, Howard Gardner apresentou relatos sobre potenciais humanos analisados, reunindo achados sobre o desenvolvimento de crianças normais e talentosas, de suas capacidades de usar símbolos, somados a pesquisas com indivíduos portadores de danos cerebrais. Assim nasceu sua teoria das inteligências múltiplas, considerada a maneira mais adequada de conceituar os potenciais cognitivos do ser humano.

A teoria das inteligências múltiplas de Howard Gardner

Howard Gardner é professor de Neurologia na Escola de Medicina da Boston University e de Cognição e Psicologia em Harvard. Pesquisador de renome internacional, recebeu vários prêmios em diferentes países por sua contribuição para a ciência. É autor de muitos livros e de centenas de artigos científicos, e o meio acadêmico o conhece principalmente por sua teoria das inteligências múltiplas. Teve grande influência de Jerome Bruner, psicólogo cognitivo e educacional, interligando em seu trabalho as questões culturais com aspectos da aprendizagem e da formação da mente[16].

Gardner divergiu dos autores que atribuíam as habilidades lógicas do pensamento unicamente como a forma mais elevada do conhecimento humano, pois confirma que as expressões de artistas, músicos e dançarinos também representam capacidades cognitivas.

---

16. Howard Gardner, *The development and education of the mind: the selected works of Howard Gardner*, Nova York: Taylor & Francis, 2006.

Suas conclusões sobre a inteligência humana nasceram das pesquisas desenvolvidas no Projeto Zero, em Harvard, onde pôde discutir e aperfeiçoar suas ideias. Seus estudos sobre o funcionamento cerebral, somados a trabalhos que analisavam pacientes com danos cerebrais, foram significativos para a evolução das pesquisas em neuropsicologia.

Todos os seus estudos apontaram a multiplicidade de capacidades das pessoas e a certeza de que o desempenho de um indivíduo não se mostra o mesmo em diferentes áreas. A construção de sua teoria começou a ser desenhada em meados de 1970, mas só no início da década de 1980, quando liderava o projeto sobre potencial humano[17], é que publicou o livro *Estruturas da mente*, no qual lançou sua teoria já consolidada como inteligências múltiplas.

Na primeira publicação da teoria, o conceito de inteligência definido por Gardner foi proposto como uma capacidade que o indivíduo apresenta para resolver problema ou elaborar produto, com amplo significado para aquela comunidade cultural[18]. Mas, duas décadas depois, ele mesmo reformulou esse conceito, ao substituir o termo "capacidade" por "potencial biopsicológico", com a intenção de ressaltar a importância que as influências culturais e psicológicas podem ter nas manifestações humanas.

Como diz o próprio autor "apresento uma definição mais refinada"[19]. Isso sugere que as inteligências não podem ser contadas nem medidas, pois não são objetos mensuráveis: são potenciais que podem, ou não, ser ativados. Mas a grande contribuição dada pela teoria foi a expansão do termo "inteligência", ao considerar muitas capacidades que ainda não pertenciam a seu escopo. Assim, a partir de Gardner, não se fala mais em a inteligência, mas em inteligências.

Suas considerações sobre o que é uma determinada inteligência provêm de evidências biológicas e antropológicas. A

---

17. *Project on Human Potential*, patrocinado pela Bernard van Leer Foundation.
18. Howard Gardner, *Estruturas da mente: a teoria das inteligências múltiplas*, Porto Alegre: Artes Médicas, 1994.
19. *Idem, op. cit.*, 2000, p. 47.

diferença dessa teoria é basear-se na resolução de problemas por seres humanos, para então examinar as habilidades cognitivas que estão envolvidas na tarefa realizada, sem deixar de levar em consideração as diferenças culturais.

Por meio da escolha de pré-requisitos que priorizassem as potências intelectuais relevantes num determinado contexto cultural, Gardner e colaboradores asseguravam que determinada inteligência humana fosse genuinamente relevante em determinado cenário cultural. Só após a análise das manifestações de inteligência presentes em diferentes culturas é que se elegeu uma lista daquelas que atendiam a oito critérios distintos, determinados pelos pesquisadores. "Assim, um pré-requisito para uma teoria de inteligências múltiplas, como um todo, é que ela capte uma gama razoavelmente completa dos tipos de competência valorizados pelas culturas humanas"[20].

Ao escrever *Estruturas da mente*, Gardner buscou ultrapassar a noção comum de inteligência e questionou os instrumentos padronizados, como os testes verbais, que visavam medi-la. Mas só depois percebeu até que ponto essas concepções estavam arraigadas na sociedade, impedindo que muitas pessoas compreendessem os desafios a que ele se havia proposto.

A partir do elenco de alguns "sinais", ou melhor, de determinados critérios como:
- Isolamento potencial por dano cerebral;
- Existência de *idiots savants*, prodígios e outros indivíduos excepcionais;
- Uma operação central ou um conjunto de operações identificáveis;
- Uma história de desenvolvimento distinta;
- História e plausibilidade evolutivas;
- Apoio de tarefas psicológicas experimentais;
- Apoio de achados psicométricos;
- Suscetibilidade à codificação em um sistema simbólico.

---

20. *Idem, ibidem.*

Esses estudiosos julgaram as inteligências candidatas (geradas em várias culturas por sua própria existência), consolidando uma lista de inteligências adequada a uma linha-base de capacidades intelectuais centrais. Sem se preocupar com um número exato de inteligências manifestadas pelo ser humano, eles declararam que a maior importância está na multiplicidade delas, acentuando ainda que cada pessoa apresenta uma mistura única de pontos fortes e pontos fracos, o que faz com que um ser humano se diferencie de outro[21].

Aos poucos, apoiando-se nos avanços da neurociência, Gardner e seus companheiros de pesquisa romperam com alguns conceitos – até então considerados inabaláveis – sobre o processo do pensamento humano e tentaram explicar como ocorrem as operações mentais nas resoluções de problemas. Para eles, uma competência intelectual humana deve apresentar um conjunto de habilidades de resolução de problemas. Isso quer dizer que, na visão desses pesquisadores, a inteligência pode ser manifestada num comportamento humano diante de alguma situação-problema, mas, para tal, envolve muitas habilidades cognitivas, específicas de seu contexto cultural. Foram amplos os estudos investigando "experiências de cristalização"[22] – aqueles momentos em que indivíduos comuns se deparam com suas possibilidades de combinação de inteligências, que nem ao menos suspeitavam existir em si.

É claro que houve muitas interpretações equivocadas da teoria, tanto da parte de leigos como de pesquisadores que lançaram à sua aplicação um olhar simplista. É natural que tenham surgido dúvidas, interpretações equivocadas e muitas críticas a suas afirmações, mas Gardner tem respondido a todas elas, buscando, por meio de troca de informações com os outros pesquisadores, avançar em seus estudos[23]. Atualmente, podemos

---

21. *Idem, op. cit.*, 2006.
22. *Idem, op. cit.*, 1994.
23. *Idem, op. cit.*, 1995.

dizer que, para compreender a teoria, é preciso conhecer as concepções que a geraram.

Alguns educadores atribuíram uma estratégia pedagógica para cada tipo de inteligência, enquanto outros continuaram procurando instrumentos para testar os possíveis talentos para cada inteligência, negligenciando os princípios dessa teoria cuja origem provém da ideia de que tal potencial não pode ser medido. Ainda que erros tenham sido cometidos, é possível afirmar que os mais interessados na teoria de Gardner foram os pesquisadores educacionais, talvez por terem mais possibilidades de observar em seus alunos que nem todos aprendem e expressam o conhecimento da mesma maneira. Além disso, foram os professores atuantes que puderam transformar os princípios teóricos trazidos por Gardner em diretrizes para suas práticas pedagógicas[24]. Tais estudos mostraram como os relatos de professores que acompanharam seus ex-alunos durante décadas puderam se transformar em repositório singular de conhecimento sobre as tendências dos envolvimentos dos alunos em determinadas áreas. Declara o autor que essa é uma fonte de informação que passou intocada por muitos pesquisadores de psicologia educacional[25]. Com isso, a teoria passou a ser adotada em escolas de vários países, em diferentes níveis de ensino, a partir de novas abordagens que visam atender a criação de caminhos diversificados para ensinar, pautados nas necessidades que os alunos apresentam durante uma situação de aprendizagem.

A teoria das inteligências múltiplas trouxe uma visão pluralista da mente, ao definir nove tipos de inteligência, das quais oito já foram criteriosamente eleitas e uma delas ainda não foi confirmada. Esta é sua conceituação:

- Duas inteligências são valorizadas essencialmente na escola: a *lógico-matemática* e a *verbal-linguística*. A segunda envolve, por exemplo, o uso da capacidade retórica da linguagem para atingir

---

24. *Idem, O verdadeiro, o belo e o bom: princípios educacionais para uma nova educação*, Rio de Janeiro: Objetiva, 1999.
25. *Idem, op. cit.*, 2000.

um objetivo; a sensibilidade de criação de ideias, tanto para a língua falada como para a escrita; a aplicação da memória linguística para ajudar a lembrar-se de informações ou para orientações precisas; e, ainda, a utilização da linguagem para conceituar, para dar explicações, na forma oral ou escrita. A linguagem fornece metáforas que podem facilitar a compreensão de qualquer assunto. Saber usá-la de forma diferenciada pode ser traduzido como uma manifestação de inteligência. Já a *inteligência lógico-matemática* é o potencial que as pessoas têm para usar o raciocínio abstrato, para organizar o pensamento de maneira lógica, valendo-se de elementos quantitativos, como números, fórmulas, cálculos. Foram essas duas inteligências que sempre predominaram nos testes aplicados por muitos psicólogos, portanto, ter uma mistura delas em alto nível é seguramente garantia de se sair bem na maioria dos testes. Embora ter habilidades pertencentes ao escopo dessas inteligências signifique ter poderosos equipamentos para manejar determinados tipos de problemas, isso não quer dizer que nelas exista qualquer grau de superioridade em relação às outras manifestações humanas.

- Três outras inteligências – *musical, espacial* e *corporal-cinestésica* – chamaram a atenção na teoria pelo fato de nunca terem sido elencadas como tal. A *inteligência musical* pode ser demonstrada com habilidades tanto na atuação como na composição e na apreciação de padrões musicais. Muitas pessoas a denominam talento, mas, de fato, sua estrutura neuronal é quase paralela à da inteligência linguística, e, portanto, não faz sentido interpretá-la de forma diferente. São pessoas que apresentam domínio musical, mediante o qual expressam alta sensibilidade emocional à música, ao ritmo, aos sons em geral, e que demonstram suas próprias regras de organização musical. Por sua vez, a *inteligência espacial* é apresentada pelos indivíduos que reconhecem e manipulam padrões espaciais, como, por exemplo, aqueles usados por navegadores ou pilotos, que têm amplo senso de direção. São pessoas que percebem e produzem imagens mentais com muita facilidade e usam a imagem até mesmo para recordar-se de informações necessárias, pois seu pensamento se organiza em forma de figuras e diagramas. Em geral, criam representações concretas e constroem novas formas visuoespaciais, sendo hábeis ao relacionar as questões de tempo com as de espaço. Ter *inteligência corporal-cinestésica* é saber controlar os movimentos do próprio corpo, como manusear objetos com habilidade para realizar alguma tarefa. "Característica dessa inteligência é a capacidade de usar o próprio corpo de maneiras altamente diferenciadas e hábeis para propósitos expressivos"[26]. Do mesmo modo que dançarinos e atletas – que desenvolvem domínio aguçado de seus movimentos –, artesãos, cirurgiões e mecânicos necessitam manipular objetos com refinamento motor.

Segundo o próprio Gardner, "uma descrição do uso do corpo como uma forma de inteligência pode, a princípio, chocar"[27], isso por nossa tradição cultural sempre ter entendido que seria possível separar as atividades de raciocínio daquelas especificamente físicas, provocando um divórcio entre o mental e o físico. Mas o autor trata de nos esclarecer que não é em todas as culturas que essa distinção entre o reflexivo e o ativo se faz presente. Afirma que apesar de muitos pesquisadores minimizarem a importância da inteligência corporal, há aqueles que consideram a atividade mental simplesmente como meio de executarmos as ações, ou seja, em vez de analisar as atividades motoras como formas que atendem a demandas cerebrais, vão conceituar a ação mental como meio de refinar o comportamento motor[28]. Assim, é possível dizer que a inteligência corporal é limitada ao exercício do próprio corpo, mas isso não nos permite interpretá-lo como uma máquina, pois o corpo é também o recipiente do senso de "eu" em cada indivíduo, o local onde se dão seus sentimentos e suas emoções. A expressão do ser humano para o mundo, e o seu relacionamento com ele, é feita com o corpo.

---

26. *Idem, op. cit.*, 1994, p. 161.
27. *Idem, ibidem*, p. 162.
28. *Idem, op. cit.*, 1994.

Duas outras inteligências, denominadas *pessoais*, são consideradas por Gardner como as mais importantes da vida, por dependerem delas as relações consigo mesmo, com o outro, e com o mundo. A inteligência dita *interpessoal* se manifesta na convivência com o outro e está atrelada às percepções do indivíduo, envolvendo sua capacidade de observar pessoas e nelas distinguir humores, temperamento, intenções e motivações. Muitas profissões exigem que as pessoas desenvolvam e aprimorem sua inteligência interpessoal, pois tais funções se traduzem, essencialmente, em lidar com os outros. Já a *inteligência intrapessoal* envolve o autoconhecimento e o controle equilibrado das reações geradas por emoções, por sentimentos. Também interfere na automotivação que as pessoas têm para realizar ações, ou seja, essa inteligência se manifesta nos indivíduos que, para regular a própria vida, usam as informações geradas por suas capacidades, seus desejos e medos. Saber lidar com as nuances de seu "eu" torna-se emergente, como algo manifesto em qualquer pessoa, situação ou ambiente, pois resulta da evolução de um conhecimento intrapessoal. Os primeiros escritos de Gardner[29] sobre a inteligência intrapessoal declaravam sua relação com fatores afetivos e sua origem na vida emocional. Mas, em publicação posterior[30], ele enfatiza o papel vital dessa inteligência nas decisões ligadas ao rumo a dar à vida, considerando a presença de facetas emocionais em todas as inteligências e, não mais, como estando o emocional restrito às inteligências pessoais.

Após contemplar a possibilidade de inteligências adicionais, Gardner[31] apresenta mais duas: uma oitava, relacionada às questões da natureza, que traz informações relativas a um ambiente natural, e uma possível nona inteligência, que tem a ver com a sensibilidade e a capacidade de lidar com questões profundas relativas à existência humana, o sentido da vida. "É a inteligência existencial, que gera e tenta responder às maiores

---

29. *Idem, ibidem.*
30. *Idem, op. cit.,* 2000.
31. *Idem, ibidem.*

perguntas sobre natureza e preocupações humanas"[32]. No entanto, ele declara reconhecer apenas uma delas, que foi incorporada à família das inteligências humanas. É a *inteligência naturalista*, que, após ser julgada em termos dos oito critérios propostos, pode ser diagnosticada como um escopo de habilidades de fazer e justificar distinções por meios observacionais; são capacidades essenciais para reconhecer membros de uma espécie, mapear e relacionar diferentes espécies presentes na natureza. Em geral, os naturalistas costumam se sentir à vontade no mundo dos organismos, interagindo com diferentes criaturas. A habilidade perceptiva fundamental da inteligência naturalista é a eficiência em distinguir padrões existentes entre vários elementos.

Para Gardner[33], todas as pessoas têm potenciais intelectuais em níveis diferenciados, com combinações exclusivas, que lhes permitem mobilizar-se e conectar-se de acordo com suas próprias inclinações, desenvolvidas pelas preferências culturais. A manifestação desses potenciais, no entanto, depende dos estímulos que as pessoas recebem e das oportunidades de explorá-los desde o nascimento. Devido à mistura singular gerada pela combinação da herança genética com as condições de vida em determinada época e em uma cultura específica, há diferenças no perfil das inteligências em cada pessoa. Segundo Gardner,

> não há dois seres humanos – nem mesmo gêmeos idênticos – que possuam o mesmo perfil em suas qualidades e suas limitações em termos de inteligência, pois a maioria de nós é diferente dos de nossa espécie, e mesmo os gêmeos idênticos passam por diferentes experiências e são motivados a se diferenciar um do outro[34].

Essas expressões podem aparecer na forma de tocar um instrumento, de atuar num jogo esportivo, de criar uma obra de arte

---

32. *Idem*, J.-Q. Chen; S. Moran (orgs.), *inteligências múltiplas ao redor do mundo*. Porto Alegre: Artmed, 2010, p. 19.
33. Howard Gardner, *op. cit.*, 2000.
34. *Idem*, J.-Q. Chen; S. Moran (orgs.), *op. cit.*, p. 19.

e até na maneira de relacionar-se com os outros. Enquanto algumas pessoas se saem muito bem em determinadas tarefas, outras não apresentam nenhuma facilidade em realizá-las. Mesmo assim, é possível admitir que absolutamente todas as pessoas podem manifestar comportamentos inteligentes.

A partir dessa teoria, é possível repensar as propostas educacionais. Segundo o próprio Gardner[35], os professores precisam erigir suas práticas pedagógicas a partir de duas bases: reconhecer as dificuldades enfrentadas pelos alunos para compreender certos conceitos e levar em conta as diferenças mentais dos estudantes. Se as pessoas aprendem por diferentes caminhos, também os acessos à compreensão dos conteúdos devem ser variados. Portanto, não se pode ensinar por uma única rota de acesso, esperando que essa seja apreensível por todos. Assim, Gardner declara que:

> Depois de duas décadas refletindo sobre as implicações educacionais da teoria das IM, concluí que duas delas são fundamentais. Em primeiro lugar, os educadores que assumirem a teoria devem levar a sério as diferenças entre os indivíduos e devem, o máximo possível, moldar a educação de forma a atingir cada criança de maneira ideal [...] Em segundo lugar, qualquer ideia, disciplina ou conceito importante deve ser ensinado de várias formas, que devem, através de argumentos, ativar diferentes inteligências ou combinações de inteligências[36].

A teoria das inteligências múltiplas apresenta uma nova forma de definir a natureza humana em sua dimensão cognitiva, pois descreve a cognição humana em sua plenitude. Mas, numa de suas publicações mais atuais, Gardner declara que:

> todos os seres humanos possuem uma série de capacidades cognitivas relativamente autônomas, cada uma delas designada por mim como inteligência separada. Por várias razões, as

---

35. Howard Gardner, *op. cit.*, 1999.
36. *Idem*, J.-Q. Chen; S. Moran (orgs.), *op. cit.*, p. 20.

pessoas diferem entre si em seus perfis de inteligência, e esse fator tem consequências significativas na escola e no local de trabalho. Ao explanar sobre as inteligências, eu escrevi como psicólogo, e tentava entender de que forma a inteligência opera dentro do crânio[37].

Após sua grande contribuição aos estudos científicos, provocando a quebra de paradigmas relacionados a testes de inteligência além de mudanças significativas nas práticas pedagógicas exercidas pelos professores no ambiente educacional, Gardner realinha a aplicação de sua teoria por meio do uso amplo da mente que, em lugar de ater-se às suas distintas capacidades computacionais, pode ser mais bem-concebida. Na condição de formulador de políticas, e não mais de psicólogo, ele apresenta as cinco mentes – disciplinada, sintetizadora, criadora, respeitosa e ética – que se utilizam das várias inteligências e que podem ser cultivadas na escola, nas profissões ou no local de trabalho. Dessa forma, busca convencer os leitores "da necessidade de cultivar essas mentes [...] em vez de [...] delinear as capacidades perceptivas e cognitivas específicas que sustentam as mentes"[38]. Ele faz isso a partir de suas experiências como pesquisador do campo das ciências sociais e da educação, enfatizando que cultivar essas mentes é desafio para as inter-relações pessoais.

Para sintetizar nossas ideias aqui expressas, apoiamo-nos em Zylberberg, quando afirma:

> Vimos ao longo da história que diferentes áreas do conhecimento tentaram encontrar o local onde estava "guardada" a inteligência humana. Quase todos os teóricos pensavam que ela estava "localizada" no interior do cérebro do indivíduo. Procuravam dentro do corpo o órgão que controlava seu funcionamento. Os comportamentos inteligentes eram enaltecidos pela expressão dos processos "internos": na fala retórica, na escrita sábia e nos

---

37. Howard Gardner, *Cinco mentes para o futuro*, Porto Alegre: Artmed, 2007, p. 13.
38. *Idem*, p. 14.

cálculos complexos. Raramente consideraram o corpo uma expressão da inteligência, e os movimentos corporais eram tidos apenas como resultado dos desejos conscientes dos mecanismos cerebrais, porque a "alma o movia"[39].

Pensar no corpo que pratica uma modalidade esportiva – ou que vivencia o contexto de uma educação escolar –, que pode ser trabalhado por meio de diálogos dos conhecimentos específicos da educação física com diversos conhecimentos pertencentes a outras áreas, visando compreender as práticas corporais, e, ainda, interpretando o corpo como linguagem, como expressão singular da existência humana, é reconhecê-lo como possibilidade de manifestação de inteligência.

Numa perspectiva educacional, a educação motrícia pode se dar a partir do reconhecimento de si próprio (intrapessoal), das relações com o outro (interpessoal), em explorações de movimentos vividas nas diferentes dimensões espaciais e temporais (espacial), por via da expressão da corporeidade (corporal, linguística e musical) nas diversas possibilidades de estimulação da inteligência corporal-cinestésica.

Neste novo século, a educação da corporeidade do ser – pois o ser aprende através de todo o corpo – exige a complexidade do pensar, em que uno e múltiplo, certo e incerto, lógico e contraditório estão em íntima relação, sempre incluindo o observador na observação realizada.

---

39. Tatiana Passos Zylberberg, *op. cit.*, p. 89.

Referências

BRUNER, Jerome S. *A cultura da educação.* Porto Alegre: Artmed, 2001.

GARDNER, Howard. *Cinco mentes para o futuro.* Porto Alegre: Artmed, 2007.

___. *Estruturas da mente: a teoria das inteligências múltiplas.* Porto Alegre: Artes Médicas, 1994.

___. *Inteligência: um conceito reformulado.* Rio de Janeiro: Objetiva, 2000.

___. *Inteligências múltiplas: a teoria na prática.* Porto Alegre: Artes Médicas, 1995.

___. *O verdadeiro, o belo e o bom: princípios educacionais para uma nova educação.* Rio de Janeiro: Objetiva, 1999.

___. *A nova ciência da mente: uma história da revolução cognitiva.* São Paulo: Edusp, 1996.

___. *Mentes que mudam: a arte e a ciência de mudar as nossas ideias e as dos outros.* Porto Alegre: Artmed, 2005.

___. *The development and education of the mind: the selected works of Howard Gardner.* Nova York: Taylor & Francis, 2006.

SHEN, Jie-Qi; MORAN, Seana (orgs.). *Inteligências múltiplas ao redor do mundo.* Porto Alegre: Artmed, 2010.

KONNABER, Mindy L.; WAKE, Warren K. *Inteligência: múltiplas perspectivas.* Porto Alegre: Artes Médicas, 1998.

GOULD, Stephen Jay. *A falsa medida do homem.* São Paulo: Martins Fontes, 1991.

NAJMANOVICH, Denise. *O sujeito encarnado: questões para pesquisa no/do cotidiano.* Rio de Janeiro: DP&A, 2001.

ZYLBERBERG, Tatiana Passos. *Possibilidades corporais como expressão da iiteligência humana no processo de ensino-aprendizagem.* 2007. Tese (doutorado em pedagogia do movimento). Faculdade de Educação Física da Universidade de Campinas. Campinas, 13.02.2007.

3. Novas tendências em pedagogia do esporte

Alcides José Scaglia

A ofensiva pedagógica

Vivemos a emergência de uma ofensiva pedagógica à aprendizagem do esporte. Essa é a proposta do professor Jorge Olímpio Bento[1], quando nos lembra que é tempo de pensar o desporto mais em função do homem que o pratica, dando oportunidade de todos aprender; é tempo de aprofundar e reforçar a confiança no seu papel educativo, sobretudo no tocante ao ensino de crianças e jovens[2].

Segundo Albert Jacquard, podemos entender que ensinar é o fator decisivo para a construção da *humanitude* (que se refere à contribuição de todos os homens, de outrora ou de hoje, para cada homem), e ao homem não cabe apenas adquirir os atributos acumulados pela transmissão passiva, pois a natureza do ser humano o faz ser não apenas um produto dela[3].

Ensinar, tanto na educação física em geral como em um esporte específico, não deve caracterizar-se por uma simples intervenção de transmissão de conhecimento ou imitação de gestos, em que o aluno seja apenas um receptor passivo, acrítico, inocente e indefeso. Ensinar esportes deve ser entendido como uma prática pedagógica desenvolvida num processo de ensino-aprendizagem que leve em conta o sujeito-aluno e seu contexto, além de seus vários ambientes relacionáveis, criando possibilidades para a construção desse conhecimento com a inserção do novo e fazendo

---

1. Jorge Olímpio Bento, "Novas motivações, modelos e concepções para a prática desportiva", em: *idem, O desporto no século XXI: os novos desafios*, Oeiras: Câmara Municipal de Oeiras, 1991, pp. 113-146.
2. Alcides José Scaglia; Adriano Souza, "Pedagogia do esporte", em: Comissão de Especialistas, Ministério do Esporte, *Dimensões pedagógicas do esporte*, Brasília: Unb/Cad, 2004.
3. Albert Jacquard, *Herança da liberdade: da animalidade à humanitude*, São Paulo: Martins Fontes, 1989.

interagir o conhecimento prévio do aluno com o novo, ampliando assim sua bagagem cultural-esportiva e sua prática corporal[4].

Desse modo, toda intervenção no esporte, quer seja em aulas de iniciação ou em treinos de aperfeiçoamento esportivo, deve permitir a troca, a interação entre sujeito, meio e esporte. Nas palavras de Paulo Freire, "o respeito devido à dignidade do educando não me permite subestimar, pior ainda, zombar do saber que ele traz consigo para a escola"[5].

O educando, em meio à sua complexa totalidade, inserido em um paradigma emergente (que visa superar o paradigma mecanicista), deve ser instigado a aprender esportes por meio de uma pedagogia desafiante, que possibilite uma busca desenfreada pela superação e traga consequências imediatas para sua vida[6].

Continuando nessa linha de reflexão, para Manuel Sergio, o professor que ensina esportes deve estar sempre ciente de seu papel na renovação e na transformação, pois: "o desporto há de ser uma actividade instauradora e promotora de valores. Na prática desportiva, o homem tem de aprender a ser mais homem"[7].

Carregar o aluno apenas de conhecimentos técnicos, sem a reflexão correspondente, é uma forma de ensino bancário, depositário, como dizia Paulo Freire[8], só que aplicado ao esporte, pois estamos apenas capacitando, treinando o educando no desempenho de destrezas motoras, sem lhe permitir o desenvolvimento e a assunção de uma capacidade crítica sobre o conteúdo ensinado.

---

4. Alcides José Scaglia, *O futebol e o jogo/brincadeira de bola com os pés: todos semelhantes, todos diferente*, 2003. Tese (Doutorado em educação física). Faculdade de Educação Física da Universidade de Campinas. Campinas, São Paulo, 04 dez. 2003; e, também, João Batista Freire; Alcides José Scaglia, *Educação como prática corporal*, São Paulo: Scipione, 2003.

5. Paulo Freire, *Pedagogia da autonomia: saberes necessários para a prática educativa*, 2ª ed., São Paulo: Paz e Terra, 1997, p. 71.

6. Riller Silva Reverdito; Alcides José Scaglia (orgs.), *Pedagogia do esporte: jogos coletivos de invasão*, São Paulo: Phorte, 2009; e, também, João Batista Freire; Alcides José Scaglia, *op. cit.*, 2003.

7. Manuel Sergio, *Para uma nova dimensão do desporto*, Lisboa: Instituto Piaget, 2003, p. 37.

8. Paulo Freire, *Pedagogia do oprimido*, 17ª ed., Rio de Janeiro: Paz e Terra, 1987.

Tendo o aluno como centro do processo, percebemos que ele se transforma, assimilando conhecimentos, transformando o seu tempo. O educando é, ao mesmo tempo, impregnado e impregnante de uma época.

Emprestamos aqui novamente as palavras de Paulo Freire:

> É por isso que transformar a experiência educativa em puro treinamento técnico é amesquinhar o que há de fundamentalmente humano no exercício educativo: o seu caráter formador. Se se respeita a natureza do ser humano, o ensino dos conteúdos não pode dar-se alheio à formação moral do educando. Educar é substantivamente formar[9].

E formar, para Scaglia, é muito mais que capacitar um aluno com gestos técnicos[10]. Pois, assim fazendo, estaremos reiterando e reproduzindo uma sociedade, ou melhor, um esporte, sem transformá-lo, sem permitir que novos esportistas o ressignifiquem, impossibilitando, ao reproduzir, que venham a reconfigurá-lo no futuro.

Ensinando o aluno a pensar criticamente o esporte, damos a ele a oportunidade de manifestar um comportamento que é fruto do seu entendimento, do seu aprendizado, fazendo seu jogo ser não apenas a imitação e a reprodução de *performances* existentes[11].

Ainda para Paulo Freire, é pensando criticamente a prática de ontem que se pode melhorar a próxima prática[12]. Assim sendo,

---

9. *Idem, ibidem*, pp. 50-51.
10. Alcides José Scaglia, "Escola de futebol: uma prática pedagógica", em: Vilma L. Nista-Piccolo (org.), *Pedagogia dos esportes*, Campinas: Papirus, 1999a; e, do mesmo autor, *O futebol que se aprende e o futebol que se ensina*, 2009. Dissertação (Mestrado em educação física). Faculdade de Educação Física da Universidade de Campinas. Campinas, São Paulo, 09 dez. 1999b e ainda, "Para uma pedagogia crítica no futebol". Disponível em: <http://www.universidadedofutebol.com.br/Coluna/10904/Para-uma-pedagogia-critica-no-futebol>. Acesso em: 31 out. 2014.
11. Alcides José Scaglia, *op. cit.*, 2009; e também: *Idem*, "Jogo e educação física escolar: Por quê? Para quê?", em: Wagner Wey Moreira; Regina Simões (orgs.), *Educação física: intervenção e conhecimento científico*, Piracicaba: Editora da Unimep, 2004.
12. Paulo Freire, *op. cit.*, 1997.

queremos apresentar a ofensiva que, nas últimas décadas, a pedagogia do esporte vem construindo, configurando-se em novas tendências.

O esporte pedagógico

Muitos autores das ciências do esporte dizem que, indiscutivelmente, o esporte é um excelente facilitador na educação e formação de jovens[13]. Contudo, é preciso deixar de ser ingênuo: a ingenuidade e a inocência devem dar espaço ao desenvolvimento do espírito crítico, pois, por natureza, o esporte é uma atividade não exatamente "educativa". Ou melhor, ele não é bom ou mau em si. Como diria o professor Paulo Cesar Montagner, o esporte será o que nós (professores, treinadores, dirigentes, políticos etc.) fizermos dele: pedagógico, educativo, performático, alienador[14].

---

13. Ver Leon Teodorescu, *Problemas de teoria e metodologia nos jogos desportivos*, Lisboa: Horizontes, 2003; Roberto Rodrigues Paes, *Educação física escolar: o esporte como conteúdo pedagógico do ensino fundamental*, Canoas: Ulbra, 2001; e, do mesmo autor, "A pedagogia do esporte e os jogos coletivos", em: Dante De Rose Junior (org.), *Esporte e atividade física na infância e na adolescência: uma abordagem multidisciplinar*, Porto Alegre: Artmed, 2002; Roberto Rodrigues Paes; Hermes Ferreira Balbino, "Processo de ensino e aprendizagem do basquetebol: perspectivas pedagógicas", em: Dante De Rose Junior; Valmor Tricoli (orgs.), *Basquetebol: uma visão integrada entre ciências e prática*, Barueri: Manole, 2005; João Batista Freire, "Esporte educacional", em: Cesar Augusto Santos Barbieri, *Esporte educacional*, Brasília: Ministério do Esporte, 1997; e, do mesmo autor, "Pedagogia do esporte", em: Wagner Wey Moreira, Regina Simões (orgs.), *Fenômeno esportivo no início de um novo milênio*, Piracicaba: Editora da Unimep, 2000; e também "Questões psicológicas do esporte", em: Wagner Wey Moreira; Regina Simões (orgs.), *Esporte como fator de qualidade de vida*, Piracicaba: Editora da Unimep, 2002; além de *Pedagogia do futebol*, Campinas: Autores Associados, 2003; e ainda "Da escola para a vida", em: Silvana Venâncio; João Batista Freire (orgs.), *O jogo dentro e fora da escola*, Campinas: Autores Associados, 2005. Ver também João Batista Freire; Alcides José Scaglia, *op. cit.*, 2003; Alcides José Scaglia, *op. cit.*, 1999a; e, do mesmo autor, *op. cit.*, 1999b; e ainda, *op. cit.*, 2003; J. Garganta, "Para uma teoria dos jogos desportivos colectivos", em: Amândio Graça; José Oliveira (orgs.), *O ensino dos jogos desportivos*, 2ª ed., Porto: Faculdade de Ciências do Desporto e da Educação Física da Universidade do Porto, 1995; Amândio Graça, "Os comos e os quandos no ensino dos jogos", em: Amândio Graça; José Oliveira (orgs.), *O ensino dos jogos desportivos*, 2ª ed., Porto: Faculdade de Ciências do Desporto e da Educação Física da Universidade do Porto, 1995; além de Pablo Juan Greco; Rodolfo Novellino Benda (orgs.), *Iniciação esportiva universal I: da aprendizagem motora ao treinamento técnico*, Belo Horizonte: Editora da UFMG, 1998; e ainda, Pablo Juan Greco, "Tática e processos cognitivos subjacentes a tomada de decisão nos jogos esportivos coletivos", em: Emerson Silami Garcia; Katia Lucia Moreira Lemos (orgs.), *Temas atuais em educação física e esportes*, 5, Belo Horizonte: Health, 2000, pp. 11-28.

14. Paulo Cesar Montagner, *Esporte educacional: o caso do basquetebol*, 1993. Dissertação (Mestrado em educação física). Unimep. Piracicaba, 1993, do mesmo autor, *A formação do jovem atleta e a pedagogia da aprendizagem esportiva*, 1999. Tese (Doutorado em educação física). Unicamp. Campinas, São Paulo, 06 ago. 1999.

Sob essa mesma ótica, João Paulo Medina diz que não podemos entender que o esporte por si só possa significar saúde, educação e cultura, numa perspectiva de autêntico desenvolvimento humano, se este estiver descontextualizado de seus aspectos socioculturais ou, mesmo, sem uma clara noção de suas intenções subjacentes. Sem essa visão de atuação do esporte, ele será apenas usado, um instrumento de manipulação e alienação das massas, aliado à simples reprodução dos valores vigentes[15].

Não sendo então o esporte educativo *a priori*, é preciso fazer dele um meio educacional, e este só o será quando tiver por finalidade criar ambientes de aprendizagem, que deem aos alunos/jogadores a oportunidade de construir conhecimentos concernentes não só à técnica e à tática – principalmente as questões relativas à dimensão conceitual e atitudinal, como valores culturais, morais e sociais, devem incorporar os programas.

Mas esse esporte educativo e pedagógico requer profissionais comprometidos com a sua função de educadores – não meros treinadores ou adestradores de gestos técnicos visando ao máximo rendimento esportivo.

Nas palavras de Roberto Paes,

> A modernidade exige que o profissional de educação física compreenda o esporte e a pedagogia de forma mais ampla, transformando-se em facilitador no processo de educação de crianças e jovens. Nesse contexto, é preciso ir além da técnica e promover a integração dos personagens, o que só será possível se essa proposta pedagógica estiver embasada também por uma filosofia norteada por princípios essenciais para a educação dos alunos[16].

Destarte, Libâneo nos diz que, para explicar seus objetivos e possíveis processos metodológicos de intervenção, a pedagogia

---

15. João Paulo S. Medina, "Reflexões sobre a fragmentação do saber esportivo", em: Wagner Wey Moreira, *Educação física & esportes: perspectivas para o século XXI*, Campinas: Papirus, 1992.
16. Roberto Paes, *op. cit.*, 2002, p. 91.

deve investigar a realidade educacional em transformação[17]. Assim, entendemos que a pedagogia do esporte, com seus inúmeros pedagogos, não pode – em hipótese alguma – tratar seu conteúdo de ensino de forma simples, negando contextos e responsabilidades, sociais e de formação de cidadãos.

No âmbito da educação física, a pedagogia do esporte deve se assumir definitivamente como a área responsável por organizar conscientemente e de forma comprometida todo o processo de ensino, aprendizagem e treinamento dos esportes, quer num ambiente de educação formal quer em um não formal. Ou seja, cabe distintamente a essa área, por meio de seus profissionais qualificados, responder pedagogicamente às questões relativas a: como ensinar esportes, o que ensinar dos esportes, para quem ensinar esportes, e por que ensinar esportes, devendo ser o esporte aí entendido como um constructo cultural, historicamente elaborado pela sociedade humana[18].

Segundo Paes[19], Balbino[20], Paes e Balbino[21], Freire[22], Scaglia[23], e Scaglia e Souza[24], o fenômeno do esporte é patrimônio da humanidade, e deverá ser compreendido não apenas em uma perspectiva vertical – aquela da resultante –, mas também em uma horizontal, ou seja, a do processo.

---

17. José Carlos Libâneo, *Pedagogia e pedagogos, para quê?*, São Paulo: Cortez, 2002.
18. Alcides José Scaglia; Adriano Souza, *op. cit.*
19. Roberto Paes, *op. cit.*, 2001; e, do mesmo autor, *op. cit.*, 2002.
20. Hermes Ferreira Balbino, *Jogos desportivos coletivos e as inteligências múltiplas*, Hortolândia: Unasp, 2007; e, do mesmo autor, "Os jogos desportivos coletivos e as inteligências múltiplas na interface da relação homem e ambiente", em: Wagner Wey Moreira; Regina Simões (orgs.), *Esporte como fator de qualidade de vida*, Piracicaba: Editora da Unimep, 2002; e, ainda, *Pedagogia do treinamento: método, procedimentos pedagógicos e as múltiplas competências do técnico nos jogos desportivos coletivos*, 2005. Tese (Doutorado em educação física). Faculdade de Educação Física da Universidade de Campinas. Campinas, São Paulo, 25 fev. 2005.
21. Roberto Rodrigues Paes; Hermes Ferreira Balbino, *op. cit.*, 2005.
22. João Batista Freire, *op. cit.*, 2002; e do mesmo autor, *op. cit.*, 2003.
23. Alcides José Scaglia, *op. cit.*, 1999b; e do mesmo autor, *op. cit.*, 2003.
24. Alcides José Scaglia; Adriano Souza, *op. cit.*

Para Balbino[25], Paes e Balbino, isso se torna possível quando, através da pedagogia, transcendemos os aspectos metódicos, possibilitando "pedagogizar o fenômeno esporte"[26].

Esses e outros autores[27] sublinham vários aspectos importantes inseridos no contexto da prática esportiva e, com isso, permitem à pedagogia do esporte abraçar objetivos maiores – e não apenas seus aspectos procedimentais, estratégicos, metodológicos, conteudísticos e organizacionais –, sem que esses conhecimentos sejam diminuídos, mas permitindo ao homem aprender a viver, a viver em sociedade, a compartilhar sua humanidade[28].

Manuel Sergio destaca "que a pedagogia é uma ciência, e não é possível orientar uma criança à base da intuição, esquecendo as exigências hodiernas da pedagogia"[29]. Já Scaglia Scaglia e Souza, na mesma linha de reflexão, entendem que o ato de ensinar, na iniciação ou no aperfeiçoamento, deverá ser mais bem compreendido na pedagogia do esporte, pois trata da educabilidade do ser humano, de formar o homem em sua totalidade[30]; isto é, segundo Sergio, da formação do indivíduo, de sua educabilidade, "na totalidade de sua complexidade"[31].

Portanto, acreditamos que, para desenvolver tanto a pedagogia do esporte (sua ofensiva pedagógica) quanto o esporte com características educativas – e isso em todas as suas dimensões e níveis de aprendizagem, aperfeiçoamento e desempenho –, é preciso que metodologia e didática de ensino/treinamento sejam urgentemente discutidas em estudos aplicados, que mostrem a teoria em prática e o discurso em ação.

---

25. Hermes Ferreira Balbino, *op. cit.*, 2001.
26. Roberto Rodrigues Paes; Hermes Ferreira Balbino, *op. cit.*, 2005, p. 17.
27. Os "outros autores" estão arrolados em notas de rodapé nas obras dos autores antes mencionados.
28. Alcides José Scaglia, *op. cit.*, 1999b; e, ainda, João Batista Freire; Alcides José Scaglia, *op. cit.*, 2003.
29. Manuel Sergio, *op. cit.*, 2003, p. 100.
30. Alcides José Scaglia, *op. cit.*, 1999a; e Alcides José Scaglia; Adriano Souza, *op. cit.*
31. Manuel Sergio, *op. cit.*, 2003, p. 77.

A pedagogia do esporte: rupturas paradigmáticas

Neste ponto, para discutirmos metodologia de ensino/ treinamento, faz-se necessário um esclarecimento prévio: ao falarmos em novas tendências em pedagogia do esporte, evidentemente afirmamos, ao mesmo tempo, que a pedagogia tradicional foi superada.

As novas tendências não vêm para "ajustar" o tradicional. Elas nascem sob uma nova óptica, ou melhor, sob um paradigma agora emergente. E quando se evidencia uma mudança de paradigma, afiança-se uma ruptura com um modo de pensar e fazer. No nosso caso específico, com ideias e práticas antes vigentes no âmbito da educação (técnica) para os esportes.

Para Thomas Khun, "paradigmas são realizações científicas universalmente reconhecidas que, durante algum tempo, fornecem problemas e soluções modelares para uma comunidade de praticantes de uma ciência"[32].

Valemo-nos também de Edgar Morin, outro reconhecido cientista que, em sua obra introdutória ao pensamento complexo, diz:

> Paradigmas seriam princípios "supralógicos" de organização do pensamento, princípios ocultos que governam nossa visão do mundo, que controlam a lógica dos nossos discursos, que comandam nossa seleção de dados significativos e nossa recusa dos não significativos, sem que tenhamos consciência disto[33].

Mas é importante salientarmos que, como destaca Boaventura de Souza Santos, essas rupturas não são rápidas nem simples, nem sequer fáceis de explicar: as mudanças não ocorrem do dia para a noite. Antes, temos sinais que apontam para a necessidade de mudanças, e assim essas caminham paulatinamente, para que sejam cada vez mais necessárias e abrangentes[34].

---

32. Thomas S. Khun, *A estrutura das revoluções científicas*, São Paulo: Perspectiva, 2003, p. 13.
33. Edgar Morin, *Introdução ao pensamento complexo*, Porto Alegre: Sulina, 2006, p. 10.
34. Boaventura de Souza Santos, *Um discurso sobre as ciências*, São Paulo: Cortez, 2003.

Necessárias no sentido de que um novo paradigma deve dar conta de fazer melhor tudo o que de obsoleto se fazia, caso contrário, não se justifica uma mudança paradigmática: para isso já seria suficiente apenas uma opção por um modismo (um jeito diferente de fazer partes das coisas).

Assim, se o problema que detectamos há tempos na pedagogia do esporte é de paradigma[35], não dá para modificar sua metodologia se não for alterada a forma de compreender (pensar) todo o processo pedagógico. Ou seja, não é possível ser meio tradicional (adepto da metodologia tecnicista) e, ao mesmo tempo, meio partidário das novas tendências pedagógicas. Não é possível ser um pouco tecnicista, ou tecnicista só em alguns momentos, para algumas das categorias.

Desse modo, julgamos, pelas evidências, que a pedagogia tradicional, com sua metodologia tecnicista, para usar um termo de Khun[36], já viveu seus tempos de "soluções modelares" para a comunidade das ciências do esporte, pois, sob a óptica das novas tendências em pedagogia do esporte, podem destacar-se as mazelas do método tecnicista.

Quando qualificamos de tecnicista uma metodologia de treinamento, estamos querendo dizer que sua preocupação principal se concentra no desenvolvimento e no aperfeiçoamento das técnicas do jogo.

O tecnicista, em sua pedagogia do esporte, fragmenta o todo (o jogo) em partes (fundamentos técnicos). Cada parte é trabalhada de forma descontextualizada, objetivando o automatismo de um movimento fechado.

Por exemplo, um adepto da metodologia tecnicista aplicaria (a uma modalidade qualquer de jogos coletivos de invasão) um treino de passe dois a dois, cobrando de forma autoritária que o gesto técnico seja executado com maestria e em consonância com os padrões biomecânicos; no futebol, por exemplo, desenvolveria treinos de chute a gol em fila, de cruzamento sem defesa; um

---

35. Alcides José Scaglia, *op. cit.*, 1996; e, ainda, *op. cit.*, 1999a; e *op. cit.*, 1999b.
36. Thomas S. Khun, *op. cit.*

treino tático com o time adversário fazendo sombra, um coletivo sempre com o mesmo número de jogadores em cada time.

Nesses exemplos de treinamento, o que se pode notar é o fato de ser a imprevisibilidade desconsiderada e, concomitantemente, a complexidade existente no jogo, especialmente nos jogos coletivos de invasão[37]. Adestra-se um movimento de passe, quando o mais importante seria a ampliação da capacidade de executar, em diferentes circunstâncias, passes certos.

O jogo de futebol, como todos os jogos coletivos de invasão, exige habilidades abertas[38], ou seja, habilidades que sejam flexíveis e ajustáveis aos contextos de suas respectivas realizações, pois o jogo tende ao caos, e não à ordem linear e servil.

Mas a metodologia tecnicista não contempla a desordem. Ela parte do pressuposto positivista da "ordem e progresso". Nunca passaria pela cabeça de um tecnicista ortodoxo que o progresso advém do constante processo de organização engendrado pela desordem do sistema[39].

Assim, segundo o modelo tecnicista, o futebol (e os jogos coletivos) nunca poderia ser mesmo ensinado, pois jogo é jogo, treino é treino. Não existe relação direta entre o que se treina e as exigências do jogo. Não se considera a especificidade requerida pelo jogo, mas apenas os seus movimentos-padrão.

Não podemos ser injustos, contudo, e dizer que o método tecnicista é inócuo. Ao contrário, ele é muito eficiente para hipertrofiar as ações de que os jogadores já são dotados.

Analisemos, como exemplo ilustrativo, este caso que utiliza o futebol: um menino com certo potencial para se especializar no futebol é descoberto por um olheiro, ou mesmo por um "empresário"; em seguida, é encaminhado (condenado) ao sistema de confinamento e engorda em um alojamento; lá recebe uma carga

---

37. Riller Silva Reverdito; Alcides José Scaglia, *op. cit.*, 2009.

38. Amândio Graça, *op. cit.*,1995.

39. Alcides José Scaglia, *op. cit.*, 2003; Riller Silva Reverdito; Alcides José Scaglia, "A gestão do processo organizacional do jogo: uma proposta metodológica para o ensino dos jogos coletivos", *Motriz*, Rio Claro: 2007, v. 13, n. 1, pp. 51- 63; e, também, Lucas Leonardo; Alcides José Scaglia; Riller Silva Reverdito, "O ensino dos esportes coletivos: metodologia pautada na família dos jogos", *Motriz*, Rio Claro: 2009, v. 15, n. 2, pp. 236-246.

excessiva de treinamentos físicos – hipertrofiando os músculos –, e, na mesma dose, treinamentos técnicos e táticos desenvolvidos por meio de um método tecnicista – causando "hipotonia" cerebral. Consequência: forma-se um menino-tanque, que até faz malabarismo com uma bola nos pés, porém é deficiente no que tange às adaptações advindas da lógica tática do jogo – logo, mais uma vítima fácil da cruel seleção natural[40]. Para Scaglia, diferentemente disso, o jogo de futebol exige um jogador inteligente, que seja capaz de aproximar cada vez mais pensamento e ação, em situações diversificadas e relativamente imprevisíveis[41].

De fato, segundo as novas tendências da pedagogia do esporte, seria possível formar esse jogador, desde que se supere o obsoleto método tecnicista e, por meio de treinamentos consonantes às exigências do jogo, potencialize-se o aprendizado, permitindo que os jogadores possam desenvolver seus potenciais na iniciação e na especialização – e não enterrá-los para o juízo final[42]. Essa reflexão nos diz que o craque do futuro não será mais o malabarista, mas, sim, o que faz arte contextualizada, gerando um novo e contemporâneo esporte-arte.

As novas tendências em pedagogia do esporte: delineamentos

Ao nos referirmos às novas tendências em pedagogia do esporte, estamos atentando para autores recentes, estudiosos do

---

40. Alcides José Scaglia, "As mazelas do método tecnicista". Disponível em: <http://www.universidadedofutebol.com.br/Coluna/6302/As-mazelas-do-metodo-tecnicista>. Acesso em: 20 abr. 2011.

41. *Idem, ibidem.*

42. Riller Silva Reverdito; Alcides José Scaglia; Roberto Rodrigues Paes, "Pedagogia do esporte: panorama e análise conceitual das principais abordagens", *Motriz*, Rio Claro: 2009, v. 15, n. 3, pp. 600-610; e, ainda, Riller Silva Reverdito; Alcides José Scaglia, *op. cit.*, 2009.

assunto[43]. Em suas pesquisas de revisão bibliográfica desses autores, Reverdito, Scaglia e Paes[44], Reverdito e Scaglia[45], e Reverdito[46] destacaram alguns pontos interessantes existentes em quatro grupos de pesquisas em pedagogia do esporte, ou melhor, em quatro correntes que se destacam por suas particularidades (peculiaridades teórico-metodológicas), ao mesmo tempo em que apresentam consensos, o que as coloca sob a égide das novas tendências em pedagogia do esporte, opondo-se à pedagogia do esporte tradicional, com sua metodologia tecnicista.

---

43. Claude Bayer, *O ensino dos desportos colectivos*, Lisboa: Dinalivro, 1994; Julio Garganta, *op. cit.*, 1995; Amândio Graça, *op. cit.*, 1995; Isabel Mesquita, "Contributo para a estruturação das tarefas no treino de Voleibol", em: José Oliveira; Fernando Tavares (orgs.), *Estratégia e táctica nos jogos desportivos coletivos*, Porto: Centro de Estudos dos Jogos Desportivos da Universidade do Porto, 1996; e também este último; além de Linda L. Griffin *et al.*, *Teaching sport concepts and skill: a tactical games approach*, Champaing, IL: Human Kinetics, 1997; Pablo Juan Greco, "Handbal: la formación de jugadores inteligentes". *Stadium*. Buenos Aires: 1988, v. 22, n. 128, pp. 22-30; Pablo Juan Greco; Rodolfo Novellino Benda (orgs.), *Iniciação esportiva universal I: da aprendizagem motora ao treinamento técnico*, Belo Horizonte: Editora da UFMG, 1998; Paulo Cesar Montagner, *op. cit.*, 1999; Alcides José Scaglia, *op. cit.*, 1999; e *op. cit.*, 2003; E. Kunz, *Transformação didático-pedagógica do esporte*, Ijuí: Editora da Unijuí, 2001; Roberto Rodrigues Paes, *op. cit.*, 2001; Jocimar Daolio, "Jogos esportivos coletivos: dos princípios operacionais aos gestos técnicos – modelo pendular a partir das ideias de Claude Bayer", *Revista Brasileira de Ciência e Movimento*, Brasília: 2002, v. 10, n. 4, pp. 99-103; Christian Kröger; Klaus Roth (orgs.), *Escola da bola: um ABC para iniciantes nos jogos esportivos*, São Paulo: Phorte, 2002; João Batista Freire, *op. cit.*, 2003; Hermes Ferreira Balbino, *op. cit.*, 2005; Wilton Carlos Santana, "Pedagogia do esporte na infância e complexidade", em: Roberto Rodrigues Paes; Hermes Ferreira Balbino (orgs.), *Pedagogia do esporte: contextos e perspectivas*, Rio de Janeiro: Guanabara Koogan, 2005, pp. 1-22; e Renato Sampaio Sadi *et al.*, "Ensino de esportes por meio de jogos: desenvolvimento e aplicação", *Pensar a Prática*, Goiânia: 2008, v. 11, n. 1, pp. 17-26; entre muitos outros.
44. Riller Silva Reverdito; Alcides José Scaglia; Roberto Rodrigues Paes, *op. cit.*, 2009.
45. Riller Silva Reverdito; Alcides José Scaglia, *op. cit.*, 2009.
46. Riller Silva Reverdito, *Pedagogia do esporte: da revisão de literatura à construção de pressupostos didático-metodológicos para o ensino do jogo de handebol*, 2005. Monografia (Trabalho de Conclusão de Curso). Faculdade Adventista de Educação Física da Universidade Adventista de São Paulo. Hortolândia, 2005.

Segundo a revisão bibliográfica de Reverdito, Scaglia e Paes, levada a efeito nas principais obras de Paes[47], Balbino[48], Montagner[49], Ferreira[50] e Santana[51], é possível dizer que:

> a caracterização da abordagem em pedagogia do esporte se faz por meio da pedagogia, com o objetivo de transcender a simples repetição de movimentos, permitindo uma iniciação e formação esportiva consciente, crítica e reflexiva, fundamentada sobre os pilares da diversidade, inclusão, cooperação e autonomia, sustentando sua prática pedagógica sobre o movimento humano, as inteligências múltiplas, aspectos psicológicos, princípios filosóficos e aprendizagem social. A estratégia-metodologia está condicionada à essencialidade complexa do jogo, em que o jogar somente se aprende jogando. Desse modo, a aprendizagem dos jogos se faz por meio do Jogo Possível – atividades lúdicas, jogos pré-desportivos e brincadeiras populares, tornando-se jogos reduzidos, jogos condicionados e situacionais, envolvidos por um ambiente fascinante e estimulador. Sua fundamentação faz-se sobre o pensamento sistêmico, no seio do construtivismo e da teoria das inteligências múltiplas, na perspectiva de compreender o sujeito a partir de suas capacidades potenciais na dimensão de sua totalidade[52].

Já Reverdito[53], ao estudar em sua revisão as obras de Scaglia[54] e Freire[55], destaca que elas trazem a caracterização de uma

---

47. Roberto Rodrigues Paes, *op. cit.*, 2001.
48. Hermes Ferreira Balbino, *op. cit.*, 2001; e, também, *op. cit.*, 2005.
49. Paulo Cesar Montagner, *op. cit.*, 1999.
50. Henrique Barcelos Ferreira, *Pedagogia do esporte: identificação, discussão e aplicação de procedimentos pedagógicos no processo de ensino – vivência e aprendizagem da modalidade basquetebol.* Dissertação (Mestrado). Faculdade de Educação Física da Universidade de Campinas. Campinas, 2009.
51. Wilton Carlos Santana, *op. cit.*, 2005.
52. Riller Silva Reverdito; Alcides José Scaglia; Roberto Rodrigues Paes, *op. cit.*, 2009, p. 603.
53. Riller Silva Reverdito, *op. cit.*, 2005.
54. Alcides José Scaglia, *op. cit.*, 1999; e também, *op. cit.*, 2003.
55. João Batista Freire, *op. cit.*, 2003.

abordagem da pedagogia do esporte pautada em princípios pedagógicos cuja recomendação é que o processo seja estabelecido em função do sujeito que joga, respeitando suas motivações intrínsecas e sua humanidade, no comprometimento com a aprendizagem e com a sua transformação, promovendo o desenvolvimento de sua autonomia, de sua criticidade e a compreensão do fazer, integrada à sua cultura corporal e social.

Reverdito, Scaglia e Paes complementam os estudos de revisão dos referidos autores dizendo que:

> A prática pedagógica sustenta-se sobre a diversidade e os princípios pedagógicos do ensinar esportes a todos, ensinar esporte bem a todos, ensinar mais que esportes e ensinar a gostar de esportes. Sua estratégia-metodologia está pautada na aprendizagem do jogo por meio do jogo jogado, sendo o ensino orientado para a compreensão do jogo, com o objetivo do desenvolvimento da capacidade tática (cognitiva) em direção à especificidade técnica (motora específica), privilegiando situações de jogos e brincadeiras populares da cultura infantil, metodicamente orientados pelo jogo-trabalho. Os autores apoiam-se nos fundamentos das abordagens interacionistas e do pensamento sistêmico-complexo, para as bases da teoria do jogo, privilegiando o aprendizado na interação entre a capacidade de aprender e as diferentes produções culturais já existentes, sendo o jogo o principal ambiente dessa interação[56].

Ao revisar os principais estudos de Garganta e Graça, Reverdito especifica haver em suas obras a caracterização de uma abordagem da pedagogia do esporte que integra o jogo e o indivíduo que joga – sendo o jogo formativo por excelência quando induz ao desenvolvimento da cooperação e da inteligência, articulando os aspectos fundamentais dos jogos à natureza aberta das habilidades[57].

---

56. Riller Silva Reverdito; Alcides José Scaglia; Roberto Rodrigues Paes, *op. cit.*, 2009, p. 603.
57. Riller Silva Reverdito, *op. cit.*, 2005.

Podemos entender que, na caracterização da pedagogia do esporte, em Garganta[58] e em Graça[59], é possível visualizar uma linha de pensamento que, a partir da prática científica e pedagógica, encontra consonância nas estratégias-metodologias, nos conceitos e nas orientações, e essa consonância é reveladora das singularidades em sua abordagem.

Para Garganta[60] e Graça[61], a estratégia-metodologia orientada para o ensino do esporte (especificamente os jogos coletivos) deve acontecer por meio de jogos condicionados, unidades funcionais, orientados para a compreensão do jogo (razões do fazer) e integrados à sua especificidade técnica (modo de fazer), contemplando uma prática transferível, a partir da assimilação dos princípios comuns dos jogos, através de formas jogadas acessíveis, motivadoras e desafiadoras.

Sendo assim, a fundamentação criada pelos autores em suas obras estabelece pressupostos para uma teoria dos jogos esportivos coletivos, sustentando uma prática transferível – e sistêmica – das similitudes comuns aos jogos, com vistas à compreensão, operacionalização e otimização da totalidade complexa do jogo[62].

Por fim, na revisão do quarto grupo de autores, a partir das obras de Kröger e Roth[63], Greco e Benda[64] e Greco[65], encontramos consensos, entre seus trabalhos, que nos permitem caracterizar uma abordagem da pedagogia do esporte com muitos pontos em comum, especialmente em sua fundamentação.

---

58. Julio Garganta, "Para uma teoria dos jogos desportivos colectivos", em: Amândio Graça; José Oliveira (orgs.), *O ensino dos jogos desportivos*, 2ª ed., Porto: Faculdade de Ciências do Desporto e da Educação Física da Universidade do Porto, 1995; e também, do mesmo autor, *op. cit.*, 1999.

59. Amândio Graça, *op. cit.*, 1995; e também, do mesmo autor, "Breve roteiro da investigação empírica na pedagogia do desporto: a investigação sobre o ensino da educação física", *Revista Portuguesa de Ciências do Desporto*, Porto: 2001, v. 1, n. 1, pp. 104-113; e ainda, "A instrução como processo", *Revista Brasileira de Educação Física e Esportes*, São Paulo: 2006, v. 20, n. 15, pp. 169-170.

60. Julio Garganta, *op. cit.*, 1995.

61. Amândio Graça, *op. cit.*, 1995.

62. Riller Silva Reverdito; Alcides José Scaglia; Roberto Rodrigues Paes, *op. cit.*, 2009.

63. Christian Kröger; Klaus Roth, *op. cit.*, 2002.

64. Pablo Juan Greco; Rodolfo Novellino Benda, *op. cit.*, 1998.

65. Pablo Juan Greco, *op. cit.*, 1998.

Segundo Kröger e Roth[66], ao caracterizar sua obra como pedagogia do esporte, ela constitui uma ação orientada para o desenvolvimento da cultura do jogar, uma escola da bola livre e variada, orientada para todos os esportes e universal a eles.

Em Greco e Benda[67] e Greco[68], apresenta-se a iniciação esportiva universal, pautada em uma aprendizagem incidental em meio às inter-relações estabelecidas entre professor e aluno, facilitando o desenvolvimento das capacidades coordenativas, fundamentais para a construção e a constituição do potencial do indivíduo, oferecendo-lhe a possibilidade de compartilhar decisões e dar-se conta da conscientização político-social contextualizada em sua ação. Também destacamos que, em suas estratégias-metodologias, Greco e Benda[69], Greco[70], e Kröger e Roth[71] defendem o ensino dos jogos coletivos não só por meio de jogos funcionais e situacionais, mas também de uma aprendizagem incidental, para o desenvolvimento da capacidade de jogo e das capacidades coordenativas, privilegiando os fatores de pressão (tempo, precisão, complexidade, organização, variabilidade, carga) determinantes da motricidade, para o desenvolvimento das habilidades com bola e a construção de movimentos específicos aos respectivos esportes (técnica).

Contudo, o fundamental é que os autores dessa abordagem – subsidiados pelas teorias de controle e aprendizagem motora, da psicologia geral e cognitiva, nas áreas da aprendizagem formal e incidental, e da criatividade – fundamentam sua obra em uma visão que se compreende como progressista, na integração entre as ciências biológicas e pedagógicas[72].

---

66. Christian Kröger; Klaus Roth, *op. cit.*, 2002.
67. Pablo Juna Greco; Rodolfo Novellino Benda, *op. cit.*, 1998.
68. Pablo Juan Greco, *op. cit.*, 1998.
69. Pablo Juan Greco; Rodolfo Novellino Benda, *op. cit.*, 1998.
70. Pablo Juan Greco, *op. cit.*, 1998.
71. *Idem, ibidem.*
72. Riller Silva Reverdito; Alcides José Scaglia; Roberto Rodrigues Paes, *op. cit.*, 2009.

A pedagogia do esporte tradicional e as novas tendências metodológicas: conflitos

Para melhor entender os conflitos entre a pedagogia tradicional e as novas tendências pedagógicas nos esportes, o quadro esquemático a seguir[73] mostra sinteticamente as principais divergências metodológicas entre a pedagogia do esporte tradicional e as novas perspectivas didáticas advindas das abordagens supracitadas, evidenciando as diferentes perspectivas paradigmáticas, suas consequências e seus objetivos.

Pedagogia do Esporte Tradicional Metodologia tecnicista	Novas Tendências em Pedagogia do Esporte Metodologia do jogo
Centrada na técnica (TECNICISTA) Busca reproduzir modelos (padrões; a técnica perfeita)	Centrada na lógica-tática (ENTENDE OS PORQUÊS DO JOGO) Busca criar (estimula processos criativos)
Repetir movimentos para automação (automatiza um gesto previsível para jogar um jogo imprevisível)	Explora movimentos para enriquecer o acervo de soluções de respostas (cria adaptabilidade às constantes novas situações do jogo)
Busca mecanizar o gesto (jogadores como robôs pré-programados)	Busca humanizar o gesto (cada jogador constrói as respostas de acordo com o contexto e seu entendimento particular dos meios táticos)
Produz acervo POBRE de possibilidades de respostas para o jogo	Produz acervo RICO de possibilidades de respostas para o jogo, potencializando a competência interpretativa – melhorando a leitura do jogo

---

73. Adaptado de Alcides José Scaglia; Adriano Souza, "Pedagogia do esporte", em: Comissão de Especialistas, Ministério do Esporte, *Dimensões pedagógicas do esporte*, Brasília: Unb/Cad, 2004.

Pedagogia do Esporte Tradicional Metodologia tecnicista	Novas Tendências em Pedagogia do Esporte Metodologia do jogo
Treina movimentos individuais que não são prioridades no jogo (treino é treino; jogo é jogo)	Treina o jogo coletivamente, buscando conciliar ações individuais técnicas às exigência táticas de grupo e coletivas (treino é jogo; jogo é treino)
Pobre em tomada de decisões	Rica em tomada de decisões (busca a tomada de consciência das ações, ampliando as possibilidades de respostas para o jogo)
Gera DEPENDÊNCIA (jogadores dependentes, pouco criativos e com pouca capacidade de adaptação às novas situações)	Possibilita AUTONOMIA (jogadores responsáveis e conscientes de seus atos, muito criativos e com alta capacidade de adaptação às novas situações)

Buscando explicar o quadro acima, podemos dizer que a pedagogia tradicional de ensino dos esportes, valendo-se de uma metodologia analítica (tecnicista), é totalmente centrada no ensino da técnica. Ou seja, é uma metodologia que defende a ideia de que, para aprender a jogar (esportes), primeiro é necessário dominar certo número de movimentos-padrão estereotipados e classificados como universais (os clássicos "fundamentos técnicos" das várias modalidades esportivas).

Segundo Scaglia e Souza[74], essa perspectiva perpassa a ideia positivista de que, para compreender algo, é necessário dividi-lo em partes e estudá-las separadamente, e depois juntar as partes estudadas novamente num todo.

Nessa concepção, se o objetivo é aprender esporte, as metodologias mais eficientes vão ser aquelas que fragmentam o processo de ensino dos esportes em partes. Por exemplo, os gestos

---

74. Alcides José Scaglia; Adriano Souza, *op. cit.*

técnicos do jogo são retirados e ensinados de maneira descontextualizada, para depois, ingenuamente, pensar-se em juntá-los, partindo da hipótese de que se terá, desse modo, uma melhora no jogo formal.

Os planos de aulas que se pautam na abordagem tradicional são invariavelmente divididos em três ou quatro partes: a primeira é destinada ao alongamento e aquecimento; em seguida se desenvolve a parte principal da aula, que deve resumir-se a treinos técnicos; e, por fim, joga-se o jogo formal. Uma quarta parte, que muitas vezes aparece, é denominada volta à calma[75].

Nessa abordagem, o ensino dos esportes se guia pela reprodução de modelos. E o professor só será capaz de ensinar se dominar perfeitamente os movimentos exigidos pelo jogo (os modelos, os movimentos-padrão). Essa concepção de ensino abre espaço para que se perpetue a ideia de que o melhor professor será inevitavelmente o melhor jogador (essa ideia ainda é disseminada nos cursos de formação de educação física, em que, nas aulas práticas, a preocupação do docente se volta para o ensino de como jogar determinado esporte; e não, para ensinar os futuros professores a ensinar).

Segundo Reverdito, Scaglia e Paes[76] e Scaglia e Souza[77], as aulas tradicionais têm por objetivo, então, reproduzir esses movimentos por meio da repetição exaustiva, buscando automatizar os gestos. Em outros termos, formam-se jogadores que repetem movimentos de forma mecânica, caracterizando a produção em série de jogadores (robôs) pré-programados, que devem sair da linha de produção modelados e moldados à forma das vontades e das interpretações de alguém (formação externa ao indivíduo).

Podemos afirmar que tal processo impede os alunos de pensar. Existe até uma máxima, divulgada pelos tecnicistas, segundo a qual jogadores iniciantes devem repetir/reproduzir os movimentos até sua automação, para que, quando exigidos no jogo, não seja

---

75. *Idem, ibidem.*
76. Riller Silva Reverdito; Alcides José Scaglia; Roberto Rodrigues Paes, *op. cit.*, 2009.
77. Alcides José Scaglia; Adriano Souza, *op. cit.*

necessário pensar[78]. Com essa "automação", tal pedagogia vai indiscutivelmente "formar" (produzir) jogadores excepcionais no que diz respeito ao domínio de um restrito acervo de habilidades motoras. Assim, por exemplo, corroborando o que já dissemos em outro momento, neste texto, sobre o ensino do futebol, poderíamos dizer que a pedagogia do esporte tradicional produziria excelentes malabaristas com a bola nos pés – e jogadores limitados no quesito de resolução de problemas, principalmente em um jogo que exige uma conduta motora diferente e aleatória a cada nova situação desencadeada pelo acaso de sua desordem[79].

Dando sequência, podemos dizer que a pedagogia tradicional descarta o fato de que, principalmente em jogos coletivos, seu processo de organização sistêmico não pressupõe uma conduta motora *a priori*. Ou seja, essa conduta motora é construída à medida que os jogadores interpretam a sempre nova situação-problema e buscam solucioná-la a partir de suas competências e habilidades[80].

Para Scaglia e Souza[81], a valorização do gesto técnico eficiente acaba por impedir que jogadores iniciantes desenvolvam suas respectivas condutas motoras e a competência interpretativa do jogo. Nesse sentido, parte-se de um hipotético gesto eficiente em detrimento de um possível gesto eficaz.

Por fim, a pedagogia tradicional exige pré-requisitos; logo, é seletiva, pois serão descartados os alunos que não conseguirem reproduzir os movimentos. Assim, são os alunos que se adaptam às exigências do treino, e não o contrário. Portanto, ao final do processo, teremos jogadores cada vez mais dependentes, que necessitam de respostas prontas, dadas por alguém de fora (conduta exterior ao jogo), e tais respostas devem ser seguidas sem questionamento, pois sempre foi assim e assim deve continuar a ser[82].

---

78. *Idem, ibidem*.
79. Riller Silva Reverdito; Alcides José Scaglia, *op. cit.*, 2007; e Lucas Leonardo; Alcides José Scaglia; Riller Silva Reverdito, *op. cit.*, 2009.
80. Alcides José Scaglia, *op. cit.*, 2003; Riller Silva Reverdito; Alcides José Scaglia, *op. cit.*, 2007; e, dos mesmos autores, *op. cit.*, 2009.
81. Alcides José Scaglia; Adriano Souza, *op. cit.*
82. *Idem, ibidem*.

De maneira absolutamente diversa, as abordagens que se agrupam no que denominamos novas tendências em pedagogia do esporte – como, por exemplo, as quatro abordagens destacadas no tópico anterior – centram-se no ensino da lógica do jogo, em detrimento de seus movimentos particulares. Não que elas desconsiderem a existência de técnicas esportivas (movimentos específicos que aparecem com mais frequência nos jogos), mas essas, em vez de estarem evidenciadas e enfatizadas no início do processo de ensino, são alocadas ao longo do processo, pois assim se prioriza que os alunos comecem construindo seus movimentos a partir de interpretações particulares, que vão gerar condutas motoras diversificadas e, consequentemente, um rico acervo de possibilidades de respostas para os jogos.

Reverdito, Scaglia e Paes advertem que, em vez de aprenderem movimentos específicos e estereotipados por repetição exaustiva, os alunos são instigados, por meio de problemas, a explorar e – como forma devolutiva às exigências engendradas – criar suas próprias respostas (condutas) motoras, caracterizando não a automação, mas sim a humanização dos gestos[83].

Scaglia e Souza explicam que, a partir das novas tendências, os professores jamais dão respostas prontas aos alunos, e muito menos os instruem, perdendo de vista o real contexto do esporte que se propõem ensinar[84]. Ou seja, ensina-se a jogar um determinado esporte jogando-o. Se o objetivo é ensinar a jogar basquete, por exemplo, obviamente não se partirá de filas para o desenvolvimento da bandeja, mas de sua compreensão lógica no interior do processo de organização específico gerado pelo jogo de basquete e, assim, cria-se um jogo que exigirá do aluno pensar e executar um gesto similar à bandeja (caracterizando-se um gesto eficaz, que ao longo do processo de ensino – que em hipótese alguma deve ser imediatista – irá se tornar eficiente à medida que o jogador amplia o seu nível de competência interpretativa).

---

83. Riller Silva Reverdito; Alcides José Scaglia; Roberto Rodrigues Paes, *op. cit.*, 2009.

84. Alcides José Scaglia; Adriano Souza, *op. cit.*

Perez, Reverdito e Scaglia afirmam que os alunos iniciam o processo de ensino-aprendizagem exatamente com aquilo que sabem, ficando sob responsabilidade do professor adequar a aula ao nível de competência e habilidade dos alunos. Com isso, as aulas são sempre destinadas a todos, não exigindo pré-requisitos[85]. Enfim, a todo momento, as abordagens que perfazem as novas tendências em pedagogia do esporte priorizam a autonomia e a tomada de consciência das ações engendradas ao longo do processo de ensino dos esportes[86].

Alunos autônomos e portadores de ricos acervos de possibilidades de respostas, consequentemente, vão desenvolver sobremaneira suas respectivas inteligências para o jogo e, concomitantemente, para o mundo, pois um cidadão independente (porém consciente de sua dependência social), responsável e crítico só se forma quando ele se entender cônscio e competente para agir, interagir e ressignificar a realidade em seu entorno, principalmente em pleno século XXI[87].

Perspectivas para a pedagogia do esporte

O século XXI nasceu já no fervilhar da era da informação. Com a presença da internet e a crescente massificação, mudou-se drasticamente a forma como se socializam as informações. Além de acelerar o processo de globalização, a internet agilizou a troca de informações e facilitou o acesso a elas. Confortavelmente, em casa, é possível fazer um passeio virtual pelo mundo todo, a um custo ínfimo, infinitamente mais barato que qualquer pacote turístico; com poucos cliques, é possível fazer uma pesquisa sobre assuntos os mais variados[88].

---

85. Talita Piccinato Perez; Riller Silva Reverdito; Alcides José Scaglia, "Argumentos em favor da pedagogia do esporte", *Efdeportes,* Buenos Aires: 2008, v. 13, n. 125.
86. Riller Silva Reverdito; Alcides José Scaglia, *op. cit.,* 2009.
87. Alcides José Scaglia; Adriano Souza, *op. cit.*
88. Alcides José Scaglia, *op. cit.,* 2007b.

Desse modo, na grande maioria das vezes, a internet se estabelece como um grande portal de informações. Contudo, se esse acesso às informações a princípio configurava um grande diferencial competitivo, hoje, com as informações cada vez mais disponíveis, ter apenas informação não basta para criar diferencial.

O que estamos querendo dizer é que ter acesso facilitado a um grande número de informações – além de saber como extraí-las – não mais constitui um diferencial, mas sim uma competência básica; ou seja, já no final do século XX, quem não adquirisse tal competência sofria certo cerceamento profissional; no século XXI, isso é uma exigência. Quem não a dominar está superado, e lhe sobram apenas serviços terciários que não exijam qualificação.

Assim, segundo Scaglia, se queremos falar em competências para o século XXI, advindas das novas tendências em pedagogia do esporte, falamos em construir diferenciais; e o maior diferencial será conseguir transformar informações em conhecimentos[89]. A superação da era da informação pela do conhecimento exige que, prioritariamente, as pessoas saibam o que fazer com as informações.

Informação por informação não significa nada; no entanto, quando essas informações estão conectadas às necessidades e à realidade de quem as adquire, em meio a um rico ambiente de aprendizagem, elas se transformam em conhecimento[90].

Uma vez que a informação adquira o *status* de conhecimento, fica ainda mais facilitado o processo de que tal conhecimento venha a se tornar sapiência (sabedoria), como diria Edgar Morin[91]. Isso ocorre quando o conhecimento adquirido em um contexto passa a ser utilizado com consciência (conhecimento de causa) para resolver problemas em outro (que não precisa, necessariamente, manter relação estreita com o inicial).

---

89. *Idem, ibidem.*
90. *Idem, ibidem.*
91. Edgar Morin, *Os sete saberes necessários à educação do futuro*, 3ª ed., São Paulo: Cortez/Unesco, 2001.

Focado em nosso tema central – a pedagogia do esporte –, vamos nos valer de um exemplo ilustrativo, para que nossas reflexões sejam mais tangíveis: ao seguir as metodologias tecnicistas de ensino e treinamento em esportes nas aulas de iniciação e nos treinos de especialização e aperfeiçoamento, se ensinam – ou se adestram – movimentos técnicos de forma descontextualizada daquilo que ocorre no jogo. Realizam-se essas atividades/treinos para aperfeiçoar um movimento, uma técnica fechada, para depois jogar, por exemplo, um jogo coletivo (como o é o futebol) em que as ações desencadeadas acontecem de forma aleatória e com alto grau de imprevisibilidade.

Contudo, no jogo, o adversário, por pior que seja, sempre vai jogar melhor que um cone; situações de passe dois a dois, sem marcação, quase não acontecem, e, quando acontecem, passam a ser insignificantes para resolver o problema maior do jogo, que é marcar gols. Portanto, também aqui, no esporte, com um treinamento apenas técnico, não ultrapassamos o nível da informação. O passe, a condução... se dependessem apenas dos treinamentos técnicos, os jogadores não alcançariam o nível de conhecimento.

Por meio dessa reflexão, é possível entender que um treinamento tecnicista (informativo – que apenas informa o que é um passe, por exemplo) não possibilita a superação (que seria transitar do nível da informação para o do conhecimento, por meio do ambiente de aprendizagem criado pelo treinador/professor).

No século XXI, para profissionais que queiram adquirir diferenciais competitivos, não mais é aceitável continuar cometendo os mesmos equívocos pedagógicos como os descritos aqui. E tais equívocos só se perpetuam porque as pessoas não percebem que o tempo não para[92].

O modo de pensar tecnicista (arraigado no século passado) é avesso às mudanças e está conectado, ainda, à era da informação. Para o tecnicismo sobreviver, é preciso que o mundo continue apenas reproduzindo ("passando adiante a receita"), informando o que sempre existiu, em todas as áreas.

---

92. Alcides José Scaglia, *op. cit.*, 2007b.

Destarte, começa a ficar evidente que, para o profissional de futebol no século XXI, a grande competência a ser adquirida – como diferencial exclusivo no que tange às novas tendências em pedagogia do esporte – é a de aprender a criar ambientes de aprendizagem, de forma a trabalhar pedagogicamente na transição (na ponte) entre a informação (comparada ao ensino) e o conhecimento (em consonância com a aprendizagem), adentrando-se na era do conhecimento.

Mas, para conseguir isso, será preciso entender as relações cada vez mais complexas que se estabelecem entre teoria e prática. Não dá para o mundo do esporte ficar à parte, ou seja, achar que o conhecimento científico não se aplica a seu universo, ou mesmo que, para o esporte e seus personagens, na prática, a teoria seria outra[93].

Portanto, o certo é que quem sair na frente, quem decifrar os sinais das mudanças que se avizinham, vai ser quem vai sentir a diferença (para melhor), por optar caminhar pelas trilhas menos exploradas, como destacou o poeta Robert Frost em um de seus poemas mais conhecidos[94], e isso caracteriza os pioneiros do novo paradigma, ao possibilitar uma ofensiva pedagógica no esporte de fato sustentável.

---

93. *Idem, ibidem.*
94. Trata-se de "The road not taken" [A estrada não trilhada], primeiro poema do livro *Mountain interval*, Nova York: Henry Holt, 1916, interpretado do ponto de vista positivo, e não daquele do arrependimento.

Referências

BALBINO, Hermes Ferreira. *Jogos desportivos coletivos e as inteligências múltiplas*. Hortolândia: Unasp, 2007.

___. "Os jogos desportivos coletivos e as inteligências múltiplas na interface da relação homem e ambiente". Em: MOREIRA, Wagner Wey; SIMÕES, Regina. (orgs.). *Esporte como fator de qualidade de vida*. Piracicaba: Editora da Unimep, 2002.

___. *Pedagogia do treinamento: método, procedimentos pedagógicos e as múltiplas competências do técnico nos jogos desportivos coletivos*. Tese (Doutorado). Campinas: Faculdade de Educação Física da Universidade de Campinas, 2005.

BAYER, Claude. *O ensino dos desportos colectivos*. Lisboa: Dinalivro, 1994.

BENTO, Jorge Olímpio. "Novas motivações, modelos e concepções para a prática desportiva". Em: BENTO, Jorge Olímpio (org.). *O desporto no século XXI: os novos desafios*. Oeiras: Câmara Municipal de Oeiras, 1991, pp. 113-146.

DAOLIO, Jocimar. "Jogos esportivos coletivos: dos princípios operacionais aos gestos técnicos – modelo pendular a partir das ideias de Claude Bayer". *Revista Brasileira de Ciência e Movimento*. Brasília: 2002, v. 10, n. 4, pp. 99-103. Disponível em: <http://www.ucb.br/mestradoef/RBCM/10/10%20-%20 4/c_10_4_14.pdf, 1-5-2010>. Acesso em: 03 nov. 2014.

FERREIRA, Henrique Barcelos. *Pedagogia do esporte: identificação, discussão e aplicação de procedimentos pedagógicos no processo de ensino – vivência e aprendizagem da modalidade basquetebol*. Dissertação (Mestrado). Campinas: Faculdade de Educação Física da Universidade de Campinas, 2009.

FREIRE, João Batista. "Esporte educacional". Em: BARBIERI, Cesar Augusto S. *Esporte educacional*. Brasília: Ministério do Esporte, 1997.

___. "Pedagogia do esporte". Em: MOREIRA, Wagner Wey; SIMÕES, Regina. (orgs.). *Fenômeno esportivo no início de um novo milênio*. Piracicaba: Editora da Unimep, 2000.

___. "Questões psicológicas do esporte". Em: MOREIRA, Wagner Wey; SIMÕES, Regina. (orgs.). *Esporte como fator de qualidade de vida*. Piracicaba: Editora da Unimep, 2002.

___. *Pedagogia do futebol*. Campinas: Autores Associados, 2003.

___. "Da escola para a vida". Em: VENÂNCIO, Silvana; FREIRE, João Batista. (orgs.). *O jogo dentro e fora da escola*. Campinas: Autores Associados, 2005.

___; SCAGLIA, Alcides José. (orgs.). *Educação como prática corporal*. São Paulo: Scipione, 2003.

FREIRE, Paulo. *Pedagogia da autonomia: saberes necessários para a prática educativa*. 2ª ed. São Paulo: Paz e Terra, 1997.

___. *Pedagogia do oprimido*. 17ª ed. Rio de Janeiro: Paz e Terra, 1987.

FROST, Robert. "The road not taken" [A estrada não trilhada]. Em: *Mountain interval*. Nova York: Henry Holt, 1916.

GARGANTA, Julio. "Para uma teoria dos jogos desportivos colectivos". Em: GRAÇA, Amândio; OLIVEIRA, José (orgs.). *O ensino dos jogos desportivos*. 2ª ed. Porto: Faculdade de Ciências do Desporto e da Educação Física da Universidade do Porto, 1995.

___; GRÉHAIGNE, Jean F. "Abordagem sistêmica do jogo de futebol: moda ou necessidade?" *Movimento*. Porto Alegre: 1999, v .6, n. 10, pp. 40-50, 1999. Disponível em: <http://www.seer.ufrgs.br/index.php/Movimento/article/view/2457/1122, 1-5-2010>. Acesso em: 31 nov. 2014.

GRAÇA, Amândio. "Os comos e os quandos no ensino dos jogos". Em: Graça, Amândio; Oliveira, José. (orgs.). *O ensino dos jogos desportivos*. 2ª ed. Porto: Faculdade de Ciências do Desporto e da Educação Física da Universidade do Porto, 1995.

___. "Breve roteiro da investigação empírica na pedagogia do desporto: a investigação sobre o ensino da educação física". *Revista Portuguesa de Ciências do Desporto*. Porto: 2001, v. 1, n. 1, pp. 104-113. Disponível em: <http://www.fade.up.pt/rpcd/_arquivo/artigos_soltos/vol.1_nr.1/13.pdf, 1-5-2010. Acesso em: 03 nov. 2014.

___. "A instrução como processo". *Revista Brasileira de Educação Física e Esportes*. São Paulo: 2006, v. 20, n. 15, pp. 169-170.

Disponível em: <*http://www.usp.br/eef/xipalops2006/47_ Anais_p169.pdf*, 1-5-2010>. Acesso em: 3 nov. 2014.

___; MESQUITA, I. "A investigação sobre o ensino dos jogos desportivos: ensinar e aprender as habilidades básicas do jogo". *Revista Portuguesa de Ciências do Desporto.* Porto: 2002, v. 2, n.5, pp. 67-79.

GRECO, Pablo J. "Tática e processos cognitivos subjacentes a tomada de decisão nos jogos esportivos coletivos". Em: GARCIA, Emerson S.; LEMOS, Katia L. Moreira (orgs.). *Temas atuais em educação física e esportes,* 5ª ed. Belo Horizonte: Health, 2000, pp. 11-28.

___. "Handbal: la formación de jugadores inteligentes". *Stadium.* Buenos Aires: 1988, v. 22, n. 128, pp. 22-30.

___; BENDA, Rodolfo Norllino. (orgs.). *Iniciação esportiva universal I: da aprendizagem motora ao treinamento técnico.* Belo Horizonte: Editora da UFMG, 1998.

GRIFFIN, Linda L. *et al. Teaching sport concepts and skill: a tactical games approach.* Champaing, il: Human Kinetics, 1997.

JACQUARD, Albert. *Herança da liberdade: da animalidade à humanitude.* São Paulo: Martins Fontes, 1989.

KRÖGER, Christian ; ROTH, Klaus (orgs.). *Escola da bola: um ABC para iniciantes nos jogos esportivos.* São Paulo: Phorte, 2002.

KUHN, Thomas S. *A estrutura das revoluções científicas.* São Paulo: Perspectiva, 2003.

KUNZ, Eleonor. *Transformação didático-pedagógica do esporte.* Ijuí: Editora da Unijuí, 2001.

LEONARDO, Lucas; SCAGLIA, Alcides J. ; REVERDITO, Riller S. "O ensino dos esportes coletivos: metodologia pautada na família dos jogos". *Motriz.* Rio Claro: 2009, v. 15, n. 2, pp. 236-246.

LIBÂNEO, José C. *Pedagogia e pedagogos, para quê?* São Paulo: Cortez, 2002.

MEDINA, João Paulo S. "Reflexões sobre a fragmentação do saber esportivo". Em: Moreira, Wagner W. *Educação física & esportes: perspectivas para o século XXI.* Campinas: Papirus, 1992.

MESQUITA, Isabel. "Contributo para a estruturação das tarefas no treino de Voleibol". Em: OLIVEIRA, José; TAVARES, Fernando (orgs.). *Estratégia e táctica nos jogos desportivos coletivos*. Porto: Centro de Estudos dos Jogos Desportivos da Universidade do Porto, 1996.

MONTAGNER, Paulo Cesar. *Esporte educacional: o caso do basquetebol*. Dissertação (Mestrado). Piracicaba: Unimep, 1993.

___. *A formação do jovem atleta e a pedagogia da aprendizagem esportiva*. Tese (Doutorado). Campinas: Unicamp, 1999.

MORIN, Edgar. *Os sete saberes necessários à educação do futuro*. 3ª ed. São Paulo: Cortez/Unesco, 2001.

___. *Introdução ao pensamento complexo*. Porto Alegre: Sulina, 2006.

OLIVEIRA, José; TAVARES, Fernado. (orgs.). *Estratégia e táctica nos jogos desportivos coletivos*. Porto: Centro de Estudos dos Jogos Desportivos da Universidade do Porto, 1996.

PAES, Roberto R. *Educação física escolar: o esporte como conteúdo pedagógico do ensino fundamental*. Canoas: Ulbra, 2001.

___. "A pedagogia do esporte e os jogos coletivos". Em: DE ROSE JUNIOR, Dante (org.). *Esporte e atividade física na infância e na adolescência: uma abordagem multidisciplinar*. Porto Alegre: Artmed, 2002.

___; BALBINO, Hermes F. "Processo de ensino e aprendizagem do basquetebol: perspectivas pedagógicas". Em: De Rose Junior, Dante; TRICOLI, Valmor (orgs.). *Basquetebol: uma visão integrada entre ciências e prática*. Barueri: Manole, 2005.

PEREZ, Talita P.; REVERDITO, Riller ; SCAGLIA, Alcides J. "Argumentos em favor da pedagogia do esporte". *Efdeportes*. Buenos Aires: 2008, v. 13, n. 125, (Revista digital).

REVERDITO, Riller S. "Pedagogia do esporte: da revisão de literatura à construção de pressupostos didático-metodológicos para o ensino do jogo de handebol". Monografia (Trabalho de Conclusão de Curso). Hortolândia: Faculdade Adventista de Educação Física da Universidade Adventista de São Paulo, 2005.

___; SCAGLIA, Alcides J. "A gestão do processo organizacional do jogo: uma proposta metoológica para o ensino dos jogos coletivos". *Motriz*. Rio Claro: 2007, v. 13, n. 1, pp. 51- 63.

___; SCAGLIA, Alcides J. (orgs.). *Pedagogia do esporte: jogos coletivos de invasão*. São Paulo: Phorte, 2009.

___. SCAGLIA, Alcides J. ; PAES, Roberto R. "Pedagogia do esporte: panorama e análise conceitual das principais abordagens". *Motriz*. Rio Claro: 2009, v. 15, n. 3, pp. 600-610.

SADI, Renato S. *et al.* "Ensino de esportes por meio de jogos: desenvolvimento e aplicação". *Pensar a Prática*. Goiânia: 2008, v. 11, n. 1, pp. 17-26. Disponível em: <http://www.revistas.ufg.br/index.php/fef/article/view/1298/3615, 1-5-2010>. Acesso em: 03 nov. 2014.

SANTANA, Wilton C. "Pedagogia do esporte na infância e complexidade". Em: PAES, Roberto R.; BALBINO, Hermes F. (orgs.). *Pedagogia do esporte: contextos e perspectivas*. Rio de Janeiro: Guanabara Koogan, 2005, pp. 1-22.

SANTOS, Boaventura S. *Um discurso sobre as ciências*. São Paulo: Cortez, 2003.

SCAGLIA, Alcides J. "Escolinha de futebol: uma questão pedagógica". *Motriz*. Rio Claro: 1996, v. 2, n. 1.

___. "Escola de futebol: uma prática pedagógica". Em: NISTA-PICCOLO, Vilma L. (org.). *Pedagogia dos esportes*. Campinas: Papirus, 1999.

___. *O futebol que se aprende e o futebol que se ensina*. Dissertação (Mestrado). Campinas: Faculdade de Educação Física da Universidade de Campinas, 1999b.

___. *O futebol e o jogo/brincadeira de bola com os pés: todos semelhantes, todos diferentes*. Tese (Doutorado). Campinas: Faculdade de Educação Física da Universidade de Campinas, 2003.

___. "Jogo e educação física escolar: Por quê? Para quê?" Em: MOREIRA, Wagner W.; SIMÕES, Regina. (orgs.). *Educação física: intervenção e conhecimento científico*. Piracicaba: Editora da Unimep, 2004.

___. "As mazelas do método tecnicista". 2007a. Disponível em: <http://www.universidadedofutebol.com.br/2007/07/3,6302, AS+MAZELAS+DO+METODO+TECNICISTA.aspx,1-5-2010>. Acesso em: 03 nov. 2014.

___. "Criando diferenciais competitivos no futebol". 2007b. Disponível em: <http://www.universidadedofutebol.com. br/2007/08/3,6557,CRIANDO+ DIFERENCIAIS+COMPETITIVOS+NO+ FUTEBOL.aspx, 1-5-2010>. Acesso em: 03 nov. 2014.

___. "Para uma pedagogia crítica no futebol". 2009. Disponível em: <http://www.universidadedofutebol.com.br/2009/07/3,10904, para+uma+pedagogia+critica+no+futebol.aspx,1-5-2010>. Acesso em: 03 nov. 2014.

___; SOUZA, Adriano. "Pedagogia do esporte". Em: Comissão de Especialistas, Ministério do Esporte. *Dimensões pedagógicas do esporte*. Brasília: UnB/Cad, 2004.

SERGIO, Manuel. *Para uma nova dimensão do desporto*. Lisboa: Instituto Piaget, 2003.

TEODORESCU, Leon. *Problemas de teoria e metodologia nos jogos desportivos*. Lisboa: Horizontes, 2003.

4. Pedagogia do esporte e as inteligências múltiplas: ensino, vivência e aprendizagem socioesportiva

Roberto Rodrigues Paes
Hermes Ferreira Balbino

Abrangendo um número cada vez mais crescente de objetivos, praticantes e modalidades, o esporte contemporâneo vem se ampliando. Multiplicam-se os espaços destinados à prática esportiva e há sinais importantes – como o aumento da exposição midiática – de que crianças, jovens, adultos, idosos, pessoas com deficiência, enfim, cidadãos de diferentes segmentos da sociedade o procuram cada vez mais. Sendo assim, há permanente necessidade de discussões, reflexões e novas propostas para melhor conviver com o fenômeno do esporte, tomado como o maior fenômeno social do século XX.

Nesse contexto, destaca-se a importância – nos processos de ensino, vivência, aprendizagem e treinamento esportivo – da pedagogia do esporte. Sendo o esporte fator essencial para a educação do ser humano, o profissional de educação física deve buscar – na convivência entre homem e esporte – dar tratamento adequado a essa demanda, com vistas a promover a prática esportiva em sua magnitude.

Tendo como foco principal análises e reflexões sobre as possibilidades de contribuição do esporte para estimular as inteligências múltiplas e o desenvolvimento integral e harmonioso dos alunos – na educação formal e não formal –, aqui tenciona-se abordar a iniciação esportiva em diferentes variantes.

A evolução do fenômeno do esporte não mais permite, na iniciação ou mesmo no treinamento, práticas simplistas e reducionistas, que ignorem ou mascarem suas múltiplas possibilidades.

É certo que os aspectos físicos, técnicos e táticos são básicos nos processos de iniciação e treinamento esportivo, entretanto, também é correto afirmar que não são esses os únicos que importam: é preciso, levando em conta a complexidade do fenômeno[1], tornar a prática esportiva mais ampla, sobretudo propiciando aos nossos alunos transformações nos planos individual e coletivo.

Santana defende a iniciação esportiva como "um fenômeno absolutamente complexo, permeado de unidades, de relações entre essas unidades, de imprevistos e incertezas, de causalidades e de diferentes significados"[2].

Para o autor, que constrói seus argumentos fortemente apoiado na obra de Edgar Morin, a iniciação esportiva, para além dos aspectos técnicos, apresenta as seguintes unidades: professores, técnicos, crianças, pais, diretores escolares, dirigentes esportivos, mídia, pedagogia da escola, pedagogia da rua, pedagogia do clube, ciência, competição; e há, além disso, diferentes relações entre essas unidades. A partir de tais fatores, pode-se pensar em atribuir à pedagogia do esporte a organização do ambiente para a prática esportiva: tornar o ambiente favorável ao processo de ensino, vivência e aprendizagem socioesportiva é também promover interações entre as unidades identificadas por Santana.

As discussões acerca da pedagogia do esporte aplicada à iniciação esportiva apresentam equívocos quase culturais, e o principal deles talvez seja a singular preocupação em identificar talentos. O esporte contemporâneo, caracterizado por suas possibilidades plurais, não mais permite práticas simplistas e reducionistas, nem procedimentos pedagógicos equivocados e culturalmente consolidados por hábitos adquiridos. Esses, seguramente, devem ser modificados, com novas práticas pedagógicas, pois é mediante elas que se constrói a base para propiciar aos alunos o conhecimento do esporte em suas diferentes modalidades, estimular neles o gosto pela prática esportiva e, sobretudo, proporcionar-lhes autonomia para a convivência com o fenômeno do esporte. Nesse contexto, Santana afirma que "uma pedagogia do esporte comprometida exclusivamente em revelar

---

1. Wilton Carlos de Santana, "Pedagogia do esporte na infância e complexidade", em: Roberto Rodrigues Paes; Hermes Fernandes Balbino, *Pedagogia do esporte: contextos e perspectivas*, Rio de Janeiro: Guanabara Koogan, 2005, pp. 1-22.

2. *Idem, ibidem*, p. 8.

talentos e em preparar possíveis campeões tende a não se comprometer com o paradigma da complexidade"[3].

É preciso romper com ideias e procedimentos pedagógicos antiquados, que em outras épocas foram por certo importantes, mas que agora, com a evolução do fenômeno do esporte, tornaram-se obsoletos e ineficazes. Faz-se necessário lançar novos olhares para a prática pedagógica esportiva, e certamente a complexidade deve ser levada em conta. Não se pretende desconsiderar nenhum dos aspectos já consagrados pela literatura que discute o esporte, mas, sim, agregar novos aspectos como, por exemplo, o estímulo às inteligências múltiplas e ao seu desenvolvimento.

Gardner afirma que o ser humano é dotado de inteligências múltiplas que incluem: verbal-linguística, lógico-matemática, espacial, musical, cinestésico-corporal, naturalista, intrapessoal e interpessoal[4]. De início, é importante mencionar que, para ele, todos possuímos todas as inteligências – algumas, porém, são mais estimuladas e, portanto, desenvolvem-se mais que outras[5]. Há autores que, além das citadas, defendem outras dimensões de inteligências: o próprio Gardner coloca em discussão outras inteligências. Neste ensaio, entretanto, buscando delimitar as reflexões, vão ser destacadas aquelas inteligências adotadas em Balbino[6], exceto a naturalista. Tal procedimento se justifica pelo fato de serem jogos coletivos as modalidades de aplicação aqui estudadas. E a inteligência naturalista é mais evidenciada em práticas relativas aos esportes de natureza, destacando-se, por exemplo, no rapel e em caminhadas de orientação, entre outros.

As múltiplas inteligências, apesar de serem há muito tempo debatidas em várias áreas do conhecimento – em especial na

---

3. *Idem, ibidem*, p. 9.
4. Ver capítulo 1, neste livro: "Pedagogia do esporte e da atividade física com base na teoria das inteligências múltiplas: primeiros movimentos".
5. Howard Gardner, *Inteligências: um conceito reformulado*, Rio de Janeiro: Objetiva, 2000.
6. Hermes Fernandes Balbino, *Jogos desportivos coletivos e as inteligências múltiplas*, Hortolândia: Unasp, 2007.

educação –, ainda não foram discutidas com a mesma frequência no campo do esporte. Os debates no campo esportivo costumam limitar-se à busca de modelos e métodos para ensinar esporte. Mas o problema mais premente não reside na busca de novos métodos, mas sim na reestruturação dos métodos existentes, quase sempre balizados por preocupações centradas no desenvolvimento de capacidades físicas, aquisição de habilidades motoras e, no caso dos jogos coletivos, na organização de sistemas defensivos, ofensivos e de transição.

Cabe à pedagogia do esporte, portanto, lançar novos olhares sobre o processo de organização, sistematização, aplicação e avaliação de procedimentos visando ao ensino, à vivência e à aprendizagem socioesportiva. É preciso considerar a evolução e a complexidade do esporte e também os avanços no trato pedagógico do fenômeno. Sendo assim, é preciso ter clareza de que o atual momento também marca a necessidade de enfatizar – e definitivamente incluir – o estímulo ao desenvolvimento das múltiplas inteligências nos processos de iniciação e treinamento desportivo.

Quanto a isso, para Balbino,

> na prática esportiva, outros significados, mais amplos do que os referenciais de vitória ou derrota, vêm sendo notados pelos profissionais do esporte. Os olhares estão sendo ampliados para os demais aspectos do ser humano que joga, seja atleta ou não. As pessoas que hoje investigam o fenômeno esporte ou atuam como agentes pedagógicos na área esportiva talvez vejam constantemente seu passado acontecendo diante dos seus olhos. Podem estar querendo transformar formas através do mesmo contexto que os transformam[7].

A prática esportiva é mais sustentável na medida em que atende de forma equilibrada a integralidade do ser humano e contribui para transformações de seu conhecimento e habilidades.

---

7. *Idem, Jogos desportivos coletivos e as inteligências múltiplas*, Hortolândia: Unasp, 2007, p. 17.

Portanto, no plano geral, a pedagogia do esporte deve ser construída levando-se em conta cinco aspectos fundamentais. São eles: o movimento, os princípios filosóficos e os aspectos psicológico, cognitivo e social-afetivo.

No plano específico, ter-se-á como eixo principal a reflexão acerca da iniciação esportiva e os jogos coletivos. A rigor, pretende-se deslocar as análises, buscando melhor compreender como as múltiplas inteligências podem ser estimuladas e desenvolvidas nos processos de ensino, vivência e aprendizagem socioesportiva.

Tendo como pressuposto que o conjunto de modalidades esportivas que compõem os jogos coletivos proporciona situações de imprevisibilidade, criatividade e complexidade, pode-se afirmar que tais jogos são manifestações esportivas tendentes a ser ricas para o estímulo e o desenvolvimento das inteligências. Jogar futebol, voleibol, basquetebol, handebol, hóquei inline, entre outras modalidades, significa, em síntese, buscar permanentemente soluções para os problemas que se apresentam nos vários contextos. Se levarmos em conta que, de formal superficial, a inteligência pode ser entendida como a capacidade de resolver problemas, o jogo coletivo torna-se um campo fértil para o seu desenvolvimento.

Em geral, a literatura que aborda a pedagogia do esporte e dos jogos coletivos apresenta fundamentos técnicos imprescindíveis à prática esportiva. Como vimos anteriormente, as habilidades motoras específicas para as diferentes modalidades esportivas coletivas são, de fato, básicas; no entanto, é preciso levar em conta que, diante da evolução tática dos jogos coletivos – verificada por várias razões e, em especial, pelas mudanças de regras –, a execução dos fundamentos, já conhecidos de todos, está cada vez mais aberta, ou seja, relacionada a inúmeras situações específicas de cada jogo.

Ao dizer-se inúmeras, destaca-se que, nos jogos coletivos, as ações nunca se repetem. A cada momento, os alunos se deparam com novas situações-problema. Tal constatação nos remete à ideia de que o processo de ensino, vivência, aprendizagem e treinamento esportivo deve considerar a imprevisibilidade um fator preponderante em cada processo analisado. Diante do exposto,

devem ser repensados os procedimentos pedagógicos direciona-
dos à aprendizagem de gestos motores específicos, absolutos,
fechados em um único movimento – e, quando utilizados, é preciso fazê-lo de forma consciente e cautelosa.

À medida que se adota como fato a necessidade de aproximar
cada vez mais o processo de ensino das modalidades coletivas do
jogo propriamente dito, também é verdadeiro afirmar a
necessidade de incluir práticas que possibilitem a vivência de
fundamentos abertos. Assim, torna-se inevitável proporcionar aos
alunos situações desconhecidas, para que, ao enfrentá-las, eles
possam ampliar seus limites. Para a resolução de problemas
abertos – portanto, complexos –, não basta minimizar o tempo ou
maximizar precisão e força: é preciso desenvolver as inteligências.
A pedagogia do esporte, para tanto, contempla os aspectos do
movimento – técnicos e táticos –, os social-afetivos e ainda
aqueles que estimulem e desenvolvam as inteligências, ou seja,
uma pedagogia que organize uma prática esportiva cujo principal
objetivo seja contribuir para o processo de desenvolvimento
integral e harmonioso dos alunos.

Outro questionamento sempre presente nas discussões acerca
da pedagogia do esporte se refere a como ensinar esporte. Inicialmente o tema é quase sempre abordado resgatando, entre outros,
exercícios analíticos e sincronizados, e os jogos. É certo que todos
os facilitadores podem contribuir com o processo de ensinar
esporte. No entanto, considerando os cenários, os personagens,
as modalidades esportivas e, sobretudo, o significado dado aqui à
iniciação esportiva, surgem como mais adequados ao que se pretende as brincadeiras, situações de jogo e jogos possíveis. Essa
tendência se justifica por ser absolutamente fundamental proporcionar aos alunos situações-problema, pois, ao se depararem com
tais situações, eles devem, em uma fração de segundo, primeiro
identificar o problema; na sequência, elaborar soluções mentais
para resolvê-lo; optar por uma alternativa viável de solução; e,
então, agir e avaliar a solução executada.

Além dessa justificativa, retoma-se aqui, agora aprofundando
as reflexões, a questão das mudanças de regras. Nos últimos

vinte anos tem havido várias mudanças nas regras das modalidades coletivas esportivas. As alterações promovidas receberam forte influência da mídia e, basicamente, visaram (e visam) – se levarmos em conta que as mudanças ocorrem de forma continuada – tornar o esporte um objeto mais espetacular de consumo. Essas mudanças interferem na dinâmica do jogo e, certamente, devem interferir nos processos de ensino e treinamento esportivo; todavia, parece que os métodos e modelos vigentes ainda não consideram tais interferências.

As mudanças de regras buscam ampliar a imprevisibilidade e a complexidade do jogo. Para melhor compreendê-las, vão ser consideradas aqui duas categorias de análise:

- Modalidades organizadas pelo tempo de jogo – observa-se o tempo de posse de bola, a tomada de decisão e a precisão; e
- Modalidades organizadas pela pontuação – observa-se a necessidade de maior precisão, uma vez que o jogo termina no momento em que uma equipe atinge um determinado número de pontos – e vence –, independentemente do tempo de jogo.

É evidente que as mudanças de regras visam tornar o jogo mais atraente como espetáculo esportivo, e mais adequado às exigências da televisão. Em algumas modalidades coletivas, existe até mesmo a diferença entre o tempo técnico e o tempo da TV. Do ponto de vista da lógica técnico-tática do jogo coletivo, as mudanças tornam o jogo mais dinâmico e rápido – tanto para modalidades cuja tomada de decisão é determinada pelo tempo de jogo quanto para modalidades organizadas pela pontuação, sem considerar o tempo de jogo. Tal velocidade de reação implica maior número de ações durante o jogo e mais precisão. Tais situações podem ser exemplificadas na mudança de tempo de posse de bola na modalidade basquetebol: anteriormente, a posse de bola de cada equipe durava 30 segundos. Desses, dez eram para atravessar o meio da quadra. Hoje a posse de bola é de 24 segundos, sendo oito segundos para atravessar o meio da quadra. Mesmo com uma análise superficial, é possível verificar que esses 6 segundos a menos de posse de bola podem levar a um número bem maior de finalizações durante o jogo.

Além das mudanças nas regras, verifica-se a confecção e a utilização de novos materiais e equipamentos esportivos. Apenas para ilustrar essa constatação, veja-se a Jabulani, bola utilizada na África em 2010, na Copa do Mundo de Futebol, ou mesmo as bolas de voleibol utilizadas nos Jogos Olímpicos de Pequim (2008). Tais mudanças (quanto à cor, ao peso e ao tamanho) ocorrem visando atender às exigências do espetáculo esportivo. Daí é possível inferir que, assim como as modificações feitas nas regras e equipamentos influenciam em alguma medida a forma de jogar, elas devem influenciar também os processos de ensino e treinamento.

Outro fator que interfere no processo de ensino, vivência e aprendizagem dos jogos esportivos coletivos – e que sinaliza fortemente para a inclusão, nesse âmbito, do estímulo às inteligências e a seu desenvolvimento – refere-se à evolução do aspecto físico dos praticantes. Estudos evidenciam que atletas de voleibol finalizam ações ofensivas em torno de 3,50 metros do solo. Somado a isso, a velocidade da bola atinge níveis nunca antes alcançados. Esses dados mostram claramente a necessidade de aperfeiçoamento das condições físicas, técnicas e táticas, para resolver com eficiência as situações-problema que tamanha rapidez apresenta. Pode-se afirmar que, por certo, nem todos os problemas relativos à dinâmica do jogo e ao jogo coletivo propriamente dito se resolvem com rendimento físico, técnico e tático. Para lidar com situações-problema complexas e imprevisíveis é preciso inteligência.

Ainda que introdutória, tal discussão técnica aponta para a mudança das características do esporte. E os moldes rígidos das "receitas" anteriores não conseguem dar conta disso, direcionando para a necessidade de inclusão – nos processos de ensino, vivência e aprendizagem socioesportiva – do estímulo às inteligências múltiplas, para seu desenvolvimento. Tal sinalização está, assim, ancorada na justificativa da evolução do esporte contemporâneo, pois, na variabilidade dos "parâmetros" atuais, são essenciais, para a prática esportiva, três fatores: imprevisibilidade, complexidade e criatividade. Outro fator fundamental refere-se ao significado educacional. Nesse contexto, defende-se que o esporte pode contribuir para o desenvolvimento integral e harmonioso do ser humano.

Resumindo – ainda sob a perspectiva da defesa da necessidade de inclusão do estímulo às inteligências múltiplas e ao seu desenvolvimento –, é sempre bom destacar a evolução dos aspectos físicos, técnicos e táticos do treinamento, além das mudanças nas regras e dos novos equipamentos esportivos.

Não é objetivo aqui listar atividades feito receituário, pois é muito provável que os profissionais que atuam na iniciação esportiva já têm conhecimento das atividades elencadas, que são de domínio da área específica de conhecimento da pedagogia esportiva.

A descrição das atividades apresentadas a seguir visa deslocar as discussões e reflexões para o campo de sua aplicação no ensino dos jogos coletivos.

A opção pela forma de apresentação das atividades priorizou destacar habilidades motoras e inteligências envolvidas em cada proposta. No entanto, é absolutamente fundamental entender que, no processo estudado, existem outros aspectos –capacidades físicas, por exemplo – que certamente vão ser contemplados, mas, por não serem o foco da análise, discussão e reflexão deste estudo, não vão estar ressaltados. Da mesma forma, com relação às habilidades motoras e inteligências relevadas, é preciso deixar claro que, além das destacadas (nos limites explicitados anteriormente), nosso alunos, ao jogar, utilizam-se de um conjunto mais amplo de habilidades motoras e inteligências: ninguém deixa de lado suas potencialidades ao entrar em um jogo.

Todos os exemplos de jogos apresentados podem ser modificados e adaptados levando-se em conta os objetivos, os praticantes, as modalidades e os cenários. Ratifico que também há possibilidade de intercambiar as habilidades e inteligências aí citadas, com vistas ao projeto pedagógico elaborado pelo professor e pela instituição.

Atividade: pega-pega com salto

Descrição – Situação inicial: os alunos ficam espalhados na quadra, sentados, com as pernas unidas e estendidas. Dois alunos ficam de pé e vão ser, respectivamente, pegador e fugitivo.

Ação – Iniciado o jogo, o pegador tenta alcançar o fugitivo, que, para se safar, salta por sobre as pernas de um dos alunos sentados. Esse é o sinal para uma troca de posições: o aluno que estava sentado passa a ser o pegador; o aluno pegador é agora o fugitivo, e aquele que se safou senta-se na quadra.

Habilidades motoras – Controle do corpo, deslocamentos, saltos, corridas.

Inteligências – Corporal-cinestésica, espacial, intrapessoal e interpessoal.

Atividade: pega-pega em círculo

Descrição – Situação inicial: de mãos dadas, os alunos formam um círculo. Um aluno fora do círculo é identificado como pegador e outro, integrante do círculo, identificado como fugitivo.

Ação – O problema do aluno designado como pegador é pegar o aluno fugitivo por fora do círculo. O fugitivo não pode deixar-se pegar, e os demais alunos do círculo devem ajudá-lo. O círculo deve permanecer com a mesma forma durante toda a brincadeira, podendo deslocar-se, como um todo, para a direita ou para a esquerda.
Continuação: alternam-se os papéis, até que todos os alunos tenham passado pelas posições de pegador e fugitivo e de membros do círculo.

Habilidades motoras – Controle do corpo, corrida.

Inteligências – Corporal-cinestésica, intrapessoal, interpessoal, verbal-linguística, musical (ritmo).

Atividade: pegar a bola e sentar atrás

Descrição – Situação inicial: os alunos permanecem sentados, divididos em duas colunas (A e B).

Ação – Entrega-se uma bola ao primeiro aluno da coluna A, que deve lançá-la em qualquer direção. Imediatamente os elementos da coluna B devem correr para alcançar a bola. Quando a bola for pega por um dos integrantes da coluna B, os demais de sua coluna devem sentar-se à sua retaguarda. O aluno da coluna A que lançou a bola deve dar tantas voltas quantas forem possíveis em torno de seu grupo. Seus companheiros contam em voz alta até que os elementos da coluna B estejam totalmente sentados, e então se apura o número de voltas conseguidas pela coluna A.

Continuação – Invertem-se os papéis, até que todos os alunos tenham tido a oportunidade de lançar a bola e correr ao redor da própria equipe.

Habilidades motoras – Controle do corpo, corridas, controle de bola.

Inteligências – Corporal-cinestésica, espacial, lógico-matemática, verbal-linguística.

Atividade: par e ímpar

Descrição – Situação inicial: os alunos se dividem em duas equipes, com o mesmo número de alunos em cada uma. A posição inicial pode ser a linha central da quadra, ou qualquer local previamente escolhido. As equipes devem formar duas colunas paralelas no centro da quadra, com os alunos sentados de costas para seus respectivos correspondentes, voltados para o fundo da quadra.

Ação – O jogo tem início quando o professor ou algum aluno escolhido pelo grupo enunciar um número; se o número for par, os alunos da coluna ao lado direito do professor devem fugir, e os alunos da outra coluna devem tentar pegá-los, havendo um limite preestabelecido de espaço para tanto. Dependendo do número (par ou ímpar) cantado, as funções das equipes se invertem. Os pontos vão ser atribuídos contando-se o número de alunos pegos dentro do limite estabelecido de espaço.

Habilidades motoras – Corridas.

Inteligências – Corporal-cinestésica, lógico-matemática e intrapessoal.

Atividade: um é pouco, dois é bom, três é demais... nunca três (com bola)

Descrição – Situação inicial: um pegador, um fugitivo (ambos com uma bola cada) e os demais alunos ficam de pé, em duplas de mãos dadas, espalhados pela quadra.

Ação – O fugitivo só pode deslocar-se passando a bola por trás das costas, e o pegador, passando-a com os braços estendidos de uma mão para a outra. O fugitivo deve passar a bola para um dos colegas dispostos em duplas. O aluno que receber a bola passa então a ser o pegador; o fugitivo toma seu lugar na dupla, e o pegador passa a ser o fugitivo. Pode-se variar a forma de manejo de bola que vai designar o pegador e o fugitivo.

Habilidades motoras – Controle do corpo, controle de bola.

Inteligências – Corporal-cinestésica, espacial, intrapessoal.

Atividade: salve-se com um abraço

Descrição – Situação inicial: os alunos identificados como fugitivos se espalham à vontade pela quadra. Três dos alunos são identificados como pegadores, e a cada um deles é dada uma bola.

Ação – Ao sinal do professor, os alunos pegadores devem tentar pegar os fugitivos; entretanto, só podem fazê-lo manipulando a bola. Para se salvar, os fugitivos devem abraçar um companheiro. Os alunos fugitivos não podem permanecer abraçados por mais tempo que o determinado pelo professor. O fugitivo que for pego troca de lugar com o pegador que conseguiu pegá-lo.

Habilidades motoras – Corridas, deslocamentos.

Inteligências – Corporal-cinestésica, interpessoal, verbal-linguística.

Atividade: corrida de revezamento com quatro bolas

Descrição – Situação inicial: os alunos são dispostos em quatro filas, formando um X. O primeiro da fila tem a posse de uma bola.

Ação – Ao sinal do professor, a bola é passada de mão em mão até que chegue ao último da fila. Esse aluno deve correr manipulando a bola, passando por trás de todas as outras filas, em sentido horário, até chegar ao início de sua própria fila. O jogo se reinicia até que todos tenham participado. Marca ponto a equipe que terminar primeiro. A maneira de passar e manipular a bola pode variar, de acordo com os objetivos do professor; por exemplo: passar a bola ao redor da cintura, passar a bola de uma mão para a outra etc.

Habilidades motoras – Corridas, controle de corpo, controle de bola.

Inteligências – Corporal-cinestésica, intrapessoal, musical (ritmo).

Atividade: pega com número

Descrição – Situação inicial: os alunos são dispostos aleatoriamente pela quadra, cada um com um número designado pelo professor; uma bola é posta em jogo.

Ação – O professor "canta" um número, e a pessoa que corresponder a esse número deve se acusar e fugir. Os demais devem pegá-la, mas só podem fazê-lo de posse da bola, e não podem deslocar-se com a bola nas mãos. Para isso, deve haver troca de passes.

Habilidades motoras – Corridas, deslocamentos, controle de bola, passe e recepção.

Inteligências – Corporal-cinestésica, lógico-matemática, espacial, verbal-linguística.

Atividade: bola salvadora

Descrição – Situação inicial: os alunos são dispostos aleatoriamente pela quadra.

Ação – O jogo desenvolve-se como um pega-pega tradicional, porém o pegador não pode pegar a pessoa que estiver de posse da bola. Para isso, os fugitivos devem trocar passes sempre na direção da pessoa que estiver sendo perseguida.

Habilidades motoras – Controle de corpo, controle de bola, passe e recepção.

Inteligências – Corporal-cinestésica, espacial, interpessoal e intrapessoal.

Atividade: jogo do *touchdown*

Descrição – Situação inicial: divide-se o grupo de alunos em duas equipes. Cada equipe deve estar em uma metade da quadra.

Ação – Os alunos trocam passes entre si, em progressão, na direção do fundo da quadra, com o objetivo de fazer o *touchdown*. Cada vez que uma equipe alcançar o objetivo proposto, marca um ponto.

Habilidades motoras – Controle de corpo, controle de bola, passe e recepção.

Inteligências – Corporal-cinestésica, espacial, verbal-linguística e interpessoal.

Atividade: jogo dos passes

Descrição – Situação inicial: os alunos são divididos em duas equipes (A e B), ambas com o mesmo número de componentes. Em cada lado da quadra misturam-se alunos das duas equipes, em número igual.

Ação – Trocam-se passes entre companheiros da mesma equipe, do mesmo lado da quadra, e passa-se a bola para outro companheiro da mesma equipe, posicionado na quadra oposta. Efetuado o passe, a equipe que o conseguiu marca um ponto.

Regras básicas – Não é permitido trocar de quadra; não vale andar com a bola; não é permitido segurar o adversário.

Inteligências – Corporal-cinestésica, espacial, verbal-linguística e interpessoal.

Atividade: pega-pega em trios

Descrição – Situação inicial: os alunos são distribuídos pela quadra, em trios de mãos dadas. Um trio é designado como pegador.

Ação – A ação é a mesma do pega-pega tradicional, no entanto os jogadores das laterais dos trios devem driblar uma bola. O trio pegador deve eleger uma das pontas para driblar, enquanto a outra ponta tenta pegar os trios adversários.

Habilidades motoras – Controle do corpo, controle de bola, passe, recepção e drible.

Inteligências – Corporal-cinestésica, espacial, intrapessoal, interpessoal.

Atividade: gato e rato

Descrição – Situação inicial: forma-se um círculo com os alunos de mãos dadas. Dentro dele colocam-se dois alunos, cada um de posse de uma bola. Um deles é o "gato" (pegador), e o outro, o "rato" (fugitivo).

Ação – O gato vai tentar pegar o rato dentro da área delimitada pelos colegas (o círculo), sempre driblando a bola. Quando o rato passar a bola para alguém do círculo, este passa a ser o gato, e quem era gato passa a ser rato. O antigo rato deve ocupar o local do colega para quem ele passou a bola.

Habilidades motoras – Passe, recepção e drible.

Inteligências – Corporal-cinestésica, intrapessoal, interpessoal, musical (ritmo).

Atividade: bola ao túnel

Descrição – Situação inicial: o grupo de alunos deve ser dividido em duas equipes. Cada equipe deve formar uma coluna, e o primeiro aluno de cada equipe deve estar de posse de uma bola.

Ação – O jogo é iniciado após um sinal do professor. O aluno que detém a posse da bola deve passá-la por entre as pernas para o aluno de trás, e assim sucessivamente, até a bola chegar ao último aluno da coluna, que deve driblá-la até ocupar o lugar do primeiro. Vence o jogo a equipe que conseguir fazer com que todos os alunos façam esse papel da forma mais rápida.

Habilidades motoras – Controle de bola e drible.

Inteligências – Corporal-cinestésica, intrapessoal, interpessoal e verbal-linguística.

Atividade: base quatro

Descrição – Situação inicial: dividem-se os alunos em duas equipes (A e B) com o mesmo número de jogadores. Uma equipe (A) fica espalhada pela quadra de basquetebol e a outra (B) forma uma fila no fundo da quadra, sendo que um dos integrantes da primeira equipe (A) deve ficar no centro da quadra.

Ação – O aluno que está no centro da quadra vai rolar a bola para o primeiro aluno da coluna da equipe B. Este chuta a bola para qualquer ponto da quadra. Após o chute, ele vai correr, driblando uma bola, passando pelas quatro bases dispostas na quadra, formando um quadrado. O aluno deve driblar ziguezagueando pelos cones dispostos entre cada uma das bases e seguindo a sequência dessas bases, perfazendo uma trajetória no sentido anti-horário. A equipe A terá de pegar a bola e levá-la para o aluno de sua equipe que se encontra no arco do centro. Se, no momento em que o aluno do arco do centro receber a bola, o aluno da equipe B que chutou estiver fora de alguma das bases, ele é "queimado" e sai da brincadeira. O objetivo de quem chuta é chegar à quarta base para marcar 1 ponto; o objetivo da outra equipe é levar a bola o mais rápido possível ao aluno do arco do centro, impedindo a chegada à quarta base para quem chutou e, assim, queimá-lo.

Habilidades motoras – Controle de corpo, controle de bola, passe, recepção, drible, finalização.

Inteligências – Corporal-cinestésica, espacial, intrapessoal, interpessoal, verbal-linguística, musical (ritmo).

Atividade: jogo dos números

Descrição – Situação inicial: um número par de alunos é dividido em duas equipes que se posicionam frente a frente, em duas fileiras dispostas nas linhas laterais da quadra de voleibol. Cada jogador de cada equipe é designado por um número (havendo, portanto, sempre dois alunos com o mesmo número).

Ação – O professor chama um número, e os alunos portadores desse número vão correr até o arco da sua equipe, pegam a bola e vão driblá-la em direção à cesta designada para a sua equipe. Depois de convertida a cesta, os alunos que foram chamados pelo seu número, devem pegar o rebote e, driblando, recolocar a bola no arco. Vence o jogo a equipe que marcar o maior número de pontos.

Habilidades motoras – Controle de corpo, controle de bola, passe, recepção, drible, finalização e rebote.

Inteligências – Corporal-cinestésica, espacial, intrapessoal, interpessoal, verbal-linguística, musical (ritmo).

Atividade: bola no círculo

Descrição – Situação inicial: utilizando uma quadra de basquetebol, espalham-se arcos em cada meia quadra, de acordo com a metade do número dos alunos, menos dois. Dividem-se os integrantes em duas equipes (A e B). Selecionam-se dois alunos de cada equipe. Os demais alunos são subdivididos em duas equipes. Dentro de cada arco deve haver um aluno; de um lado da quadra, os alunos da equipe A, e do outro lado, os alunos da equipe B. Cada um desses arcos deve ser defendido por um aluno da equipe adversária.

Ação – Os dois alunos selecionados de cada equipe têm como objetivo conduzir a bola até um de seus companheiros posicionados dentro dos arcos. A equipe adversária, sem a posse de bola, deve impedir essa ação, e cada componente é responsável por um arco.

Habilidades motoras – Controle de corpo, controle de bola, passe, recepção, drible, fundamentos de defesa.

Inteligências – Corporal-cinestésica, espacial, intrapessoal, interpessoal, verbal-linguística, musical (ritmo).

Atividade: cesta fugitiva-trave fugitiva

Descrição – Situação inicial: os alunos devem ser divididos em duas equipes, cada uma das quais tem uma dupla que é portadora de um arco. No caso da cesta fugitiva, o arco deve ser posicionado acima, na posição horizontal; no caso da trave fugitiva, o arco deve ser posicionado para baixo, na posição vertical.

Ação – Semelhante ao jogo anterior. As equipes marcam pontos quando acertam o arco segurado pelo jogador da equipe adversária. As duplas com os arcos podem correr pela quadra toda sem restrições. Vence a equipe que marcar mais pontos.

Habilidades motoras – Controle de corpo, controle de bola, passe, recepção, drible, finalização, fundamentos de defesa individual.

Inteligências – Corporal-cinestésica, espacial, intrapessoal, interpessoal, verbal-linguística, musical (ritmo).

Atividade: jogo da pontuação diferente

Descrição – Situação inicial: os alunos devem ser divididos em duas equipes (A e B), espalhadas pela quadra.

Ação – Usando das regras do jogo de basquetebol convencional, a atividade desenvolve-se com a mudança na pontuação. Exemplo: quando a bola tocar na tabela, a equipe marca um ponto; quando a bola tocar no aro, a equipe marca 2 pontos; uma cesta convertida em situação normal de jogo vale 3 pontos; e uma cesta convertida com o arremesso de trás da linha de 6,25 m vale 4 pontos.

Habilidades motoras – Controle de corpo, controle de bola, passe, recepção, drible, finalização, rebote.

Inteligências – Corporal-cinestésica, espacial, intrapessoal, interpessoal, verbal-linguística, musical (ritmo).

Considerações finais

A ideia central aqui desenvolvida e explicitada baseou-se na necessidade de compreender melhor o esporte contemporâneo. Diante desse pressuposto, o esporte foi tratado como um fenômeno complexo e plural. Evidenciaram-se procedimentos e possibilidades, visando proporcionar ao aluno ensino, vivência e aprendizagem socioesportivos. Nesse contexto, ratificou-se a importância de considerar a imprevisibilidade, a criatividade e a complexidade do jogo; e, ainda, destacar a necessidade de lançar novos olhares para o fenômeno esporte. Para isso, propõe-se, como facilitador dos processos em discussão, o jogo possível. Tal opção pode ser justificada destacando-se alguns de seus aspectos relevantes – lúdico, técnico, físico, tático, filosófico, psicológico, cognitivo, afetivo e social –, presentes em jogos e em brincadeiras. Entretanto, é preciso deixar claro que há outros facilitadores eficientes e também eles podem contribuir para as transformações desejadas em nossos alunos. Entre eles estão exercícios ditos analíticos, sincronizados e de transição, bem como situações de jogo.

Deve-se pensar, sempre, em ensino, vivência e aprendizagem socioesportivos, além de enfatizar os aspectos gestuais específicos de cada modalidade esportiva. Para efetivamente cumprir com sua função educacional, contribuindo para o desenvolvimento integral e harmonioso dos alunos, faz-se necessário alicerçar os procedimentos pedagógicos levando-se em conta:

- *Inclusão* – o acesso ao esporte é um direito de todos; não se trata de excluir talentos esportivos, mas de incluir aqueles que não são talentos;
- *Diversificação* – é preciso estimular, de diversas formas, as habilidades e competências;
- *Cooperação* – competir já é tema obrigatório na discussão acerca do esporte; o novo olhar estabelece o tema compartir; e

- *Autonomia* – a presença do esporte está cada dia mais acentuada na vida do ser humano, e, portanto, a pedagogia do esporte deve dar às pessoas a oportunidade de conhecer, gostar e praticar o esporte de acordo com suas intenções.

Para finalizar, a dimensão mais nobre do esporte refere-se às suas possibilidades educacionais e de desenvolvimento integral e harmonioso do cidadão. Sendo assim, o processo de ensino, vivência e aprendizagem socioesportivos deve ir além de procedimentos centrados no gesto técnico, balizado por valores, princípios e modos de comportamento. Deve avançar no sentido de contribuir com o desenvolvimento das múltiplas inteligências. Há muito tempo o esporte desempenha essa função. No entanto, é preciso buscar maior embasamento científico na organização de suas práticas pedagógicas.

Referências

BALBINO, Hermes Ferreira. *Jogos desportivos coletivos e as inteligências múltiplas*. Hortolândia: Unasp, 2007.

GARDNER, Howard. *Inteligências: um conceito reformulado*. Rio de Janeiro: Objetiva, 2000.

SANTANA, Wilton Carlos de. "Pedagogia do esporte na infância e complexidade". Em: PAES, Roberto Rodrigues; BALBINO, Hermes Ferreira. *Pedagogia do esporte: contextos e perspectivas*. Rio de Janeiro: Guanabara Koogan, 2005.

5. Sobre diversidade e esporte: ...é preciso ter um "temperozinho"

Marco Paulo Stigger

Em abril de 1999, ao realizar entrevistas com os colaboradores da pesquisa que vinha desenvolvendo, perguntei a um dos membros do Caídos na Praia, grupo de praticantes de futebol, que razões que o levavam a praticar aquele esporte e o que lhe dava prazer naquela atividade. Em sua resposta, vieram à tona vários aspectos que davam sentido à atividade que ele desenvolvia todos os fins de semana, dentre eles as relações de amizade, fortalecidas naquele contexto, e o fato de que, naquele universo esportivo, "os resultados não contam". Mas também me chamou a atenção para o prazer que lhe dava competir. Dizia ele: "O aspecto competitivo é fundamental": ...é preciso ter "um temperozinho".

Posteriormente, ao analisar os dados produzidos naquele trabalho, considerei que ele explicitava uma forma positiva de pensar a tensão proporcionada pela atividade esportiva, o que, muitas vezes, é diferente do sentido negativo que lhe é atribuído. Mas a metáfora que acabou sendo feita por aquele interlocutor, relacionada ao ato de cozinhar, também me chamou a atenção. Ao dizer que o esporte necessita de um "temperozinho", ele atribuía à *competição* a função de motivá-lo para a prática do futebol; outros participantes trataram de forma semelhante esse aspecto, dizendo que jogo bom é "jogo duro", "jogo renhido", "jogo disputado".

Mas os praticantes de futebol do Caídos na Praia não se nutriam apenas da emoção proporcionada pela competição. Além dela, a manutenção da tradição do grupo, as amizades, o companheirismo, o divertimento constituíam aquele universo esportivo particular. Esses e outros aspectos referidos pelos componentes do grupo em questão (e mesmo por indivíduos de outros contextos esportivos) muitas vezes são encontrados na bibliografia especializada, quando o objetivo é trazer elementos que caracterizam o esporte, visto como fenômeno cultural e como prática social. Muitos deles são conflitantes entre si, mas não é difícil encontrá-los, tanto nos discursos de praticantes como nos de estudiosos do esporte: a busca dos resultados, a brincadeira, a superação, a ludicidade, as rivalidades, o jogo *a sério*, o jogo *às brincas*, o individualismo, o coletivismo, a criatividade, a racionalidade são várias categorias que ajudam a entender diferentes universos esportivos; seus integrantes as utilizam para expressar o sentido que atribuem ao que praticam. Todas essas expressões nos levam a pensar que, ao falarmos em esporte, estamos nos referindo a uma prática social e a um fenômeno cultural multifacetado, apesar de – na maior parte das vezes – a bibliografia ser referente apenas ao esporte que tem mais visibilidade social: o esporte *de rendimento* ou *de espetáculo*[1].

No âmbito da discussão sociológica e pedagógica do esporte, realizada no contexto da educação física brasileira, o debate é bastante complexo e levou a muitos equívocos, como coloca Bracht, em livro no qual o debate se desenvolveu em torno das relações entre o esporte de rendimento e o esporte da/na escola[2]. Nessa obra, alguns autores lançam diferentes olhares sobre tal temática e apresentam diversos pontos de vista. Seu título – Esporte de rendimento e esporte na escola[3] – já expressa uma dimensão plural do esporte, ou seja, a ideia de haver, nesse âmbito, uma "compartimentação" cultural. Se assim não fosse, bastaria a palavra esporte para expressar tudo o que esse fenômeno cultural encerra. Mas, diferentemente disso, a adjetivação (de rendimento; de lazer; da escola etc.) se torna necessária para ser possível expressar, com um pouco mais de especificidade, do que se está falando quando se usa essa palavra. Assim como nesse esforço de adjetivação, já

---

1. Essas são algumas das expressões com que ele é tratado. Mas há outras, dependendo dos diferentes referenciais utilizados.
2. Valter Bracht, "Esporte de rendimento na escola", em: Marco Paulo Stigger; Hugo Lovisolo (orgs.), *Esporte de rendimento e esporte na escola*, Campinas: Autores Associados, 2009, pp. 11-26.
3. *Idem, ibidem*.

foram feitas outras tentativas na busca de classificar diferentes formas de pensar e viver o esporte e de expressar a sua diversidade.

É sobre isso que tratarei neste texto, em que pretendo refletir sobre diferentes possibilidades de pensar e viver o esporte, tendo como forma de expressão um diálogo/metáfora com a culinária. É nessa perspectiva que vou desenvolver o trabalho, tendo em vista que o exemplo dado no início (o do "temperozinho") tem sido bastante esclarecedor quando, em minhas aulas de graduação, tento levar os estudantes a refletir sobre como as pessoas e os grupos constroem suas práticas esportivas ao seu gosto.

Mas, de início, para que se compreenda o debate em torno da diversidade do esporte, pretendo trazer alguns elementos pertinentes ao assunto. Com base nisso, dou continuidade ao texto, apresentando exemplos empíricos de pesquisas já desenvolvidas, por considerá-las capazes de mostrar aspectos da diversidade no cenário esportivo, pois tal diversidade é difícil de ser apreendida apenas por classificações. Antes, porém, apresento um breve relato acerca da história do esporte como se apresenta hoje, tentando evidenciar que – já em seus primórdios – ele constituía um processo de luta quanto à legitimidade de uma forma especial e peculiar de viver o corpo.

História do esporte – uma história de lutas sobre a melhor forma de viver o corpo

Uma análise histórica acerca do esporte nos diz que – assim como o vemos hoje – ele é resultado de um processo de globalização hegemônica[4] de uma determinada forma de pensar e viver o corpo. Tal perspectiva nasce na Inglaterra, no século XVIII, e espal ha-se pelo mundo de forma padronizada, mas no percurso entre como ele nasceu e como está hoje passa por diferentes momentos.

---

4. Ver Marco Paulo Stigger, "Desporto e educação física no contexto da globalização, apresentação de trabalho", *I Congresso Internacional de Ciências do Desporto*, Porto: 1999a; e, do mesmo autor, *Educação física, esporte e diversidade*, Campinas: Autores Associados, 2005.

Segundo muitos estudiosos que trataram desse tema[5], podemos dizer que o esporte surge nas classes altas da sociedade inglesa e, nesse contexto, manifesta-se como uma perspectiva pedagógica e de distinção social: pedagógica por ter sido utilizado como forma de pacificação das escolas da elite inglesa[6] e vinculado à distinção social por ser também através dele que, na hierarquia social da época, essas elites se distinguiam das classes mais baixas.

Assim, o esporte em sua versão moderna aparece como uma atividade desinteressada quanto a interesses materiais e concebido como uma prática que pressupõe uma disposição cavalheiresca, no sentido de vontade de vencer segundo as regras, diferentemente da busca da vitória a qualquer custo. Essas seriam as dimensões básicas de uma atividade corporal de novo tipo, todas elas inseridas na expressão *fair play*: uma maneira de jogar sem ser dominado pelo jogo, conseguindo manter o autocontrole. Diria Bourdieu: "uma moral aristocrática, elaborada por aristocratas"[7].

Mas se os discursos sobre o esporte o vinculavam à ideia de atividade desinteressada, que se expressava como se fosse um jogo apenas pela fruição, de fato, ele se materializava no interesse da distinção social: o esporte era uma das formas de as classes altas inglesas se distinguirem das demais camadas sociais. Nesse contexto, a noção de amadorismo (defendida como o esporte puro, porque desvinculado de interesses materiais) acaba por constituir um refúgio distintivo, pois podia praticá-lo apenas quem tinha tempo de fazê-lo sem necessitar receber algo em troca por essa dedicação. Esses indivíduos eram advindos das

---

5. Entre eles, Norbert Elias; Eric Dunning, *A busca da excitação*, trad. Maria Manuela Almeida e Silva, Lisboa: Difel, 1992; Eric Hobsbawn; Terence Ranger (orgs.), *A invenção das tradições*, Rio de Janeiro: Paz e Terra, 1984; Pierre Bourdieu, "Como é possível ser esportivo?", em: *Questões de sociologia*, Rio de Janeiro: Marco Zero, 1983, pp. 136-153; e, ainda, Roger Chartier, "Le sport ou la libération contrôlée des emotions", em: Norbert Elias; Eric Dunning, *Sport et civilization: la violence maîtrisée*, Paris: Fayard, 1994, pp. 7-24.

6. José Sérgio Leite Lopes, "Esporte, emoção e conflito social", *Mana: Estudos de Antropologia Social*, Rio de Janeiro: 1995, v. 1, n. 1, pp. 141-166.

7. Pierre Bourdieu, *op. cit.*, p. 140.

camadas altas da sociedade e dominavam essa moral aristocrática, sendo, assim, socialmente reconhecidos.

Tal noção de amadorismo se materializava inclusive em documentos, como os vários existentes para estabelecer quem poderia participar dos clubes que constituíam o associativismo esportivo da época. Um exemplo é a forma como o esportista era definido pelos filiados a um clube amador inglês (Amateur Athletic Club):

> É (aficionado) todo cavalheiro que nunca tenha tomado parte em uma competição pública; que nunca tenha combatido com profissionais por dinheiro proveniente de inscrições ou de qualquer outro lugar; que em nenhum período de sua vida tenha sido professor ou monitor de exercícios como meio de subsistência; que não tenha sido operário, artesão nem trabalhador temporário[8].

Outro exemplo são as considerações de um observador americano que – em 1895 – julgava perfeitamente sensata a divisão de classes do esporte inglês. Referindo-se à discussão em torno da disputa entre amadorismo e profissionalismo, ele afirmava:

> A classe operária está certa, a seu modo; que eles sigam seu caminho em paz e mantenham seus esportes da maneira como bem entenderem [...] [e] que nós mantenhamos nosso esporte entre os elementos mais refinados, e não permitamos que espíritos divergentes se imiscuam nele[9].

Com base nisso, pode-se perceber que havia, no entorno dessa nova forma de viver o corpo, um processo de lutas, e também concluir que, naquele contexto, "a regra amadora era um

---

8. Jean Le Floc'hmoan, *La génesis de los deportes*, Barcelona: Labor, 1969, p. 98.
9. Allen Guttmann, *From ritual to record: the nature of modern sports*, Nova York: Columbia University Press, 1978, p. 31.

instrumento de luta de classes"[10] que estabelecia contornos entre os grupos sociais e as suas práticas[11].

Contudo, em que pesem os esforços de manutenção da regra amadora e da distinção em torno do esporte dos aristocratas, outros aspectos da realidade se impuseram. A saída do esporte para o exterior dos clubes e o surgimento de um esporte *sério*, vinculado à noção de pertencimento, viriam a abrir espaço para sua democratização, por via do profissionalismo: isso porque o esporte aparecia – para as baixas camadas sociais – como possibilidade de ascensão social[12].

A partir daí, o esporte avança para a espetacularização e, vinculado a ela, para sua mercantilização. Hoje, então, aquele esporte que vemos todos os dias nos canais de televisão é resultado do que poderíamos chamar de *mercadorização das emoções*, ou seja, de um processo que faz com que o interesse estético pelas façanhas esportivas e o senso de pertencimento que cada um tem para com os seus clubes[13] se transformem em mercadorias a serem consumidas. Esse envolvimento promove desde o mercado do espetáculo esportivo até a existência do atleta/mercadoria (vejam-se os centros de formação de jogadores de futebol para exportação), passando por inúmeros produtos aí agregados.

Toda esta visibilidade coloca o esporte como uma forma legítima (porque legitimada) de viver o corpo que – a partir da Inglaterra – se globaliza como um modelo, tanto nas práticas surgidas na sua origem (os primeiro esportes), como para as novas atividades que estão sempre surgindo nesses universos[14]. Todavia, o esporte ainda serve como padrão na transformação de práticas já existentes[15], mas até então não ditas *esportivas*. Ou seja, além de

---

10. *Idem, ibidem.*

11. É interessante pensar que, nesse período histórico, ser amador denotava algo positivo, esperado do bom esportista, ao passo que, atualmente, é o profissional do esporte quem tem maior reconhecimento social nesse campo.

12. Norbert Elias; Eric Dunning, *op. cit.*, 1992.

13. Damo denomina "pertencimento clubístico" esse vínculo entre clubes e torcedores.

14. Sobre o "localismo globalizado", ver Marco Paulo Stigger, "Desporto, multiculturalidade e educação", *Educação, Sociedade e Culturas*, Porto: 1999b, v. 12.

15. *Idem, ibidem.*

globalizarem-se as práticas, globaliza-se uma lógica: o rúgbi, o futebol e outras práticas que surgem na Inglaterra se espalham pelo mundo; as novas práticas, que vieram posteriormente (como o basquete), já surgem com a mesma lógica. Mas a lógica do esporte também se insere em outras atividades já existentes, mas até então *não esportivas*. A ioga – apenas para dar um exemplo bastante eloquente – se *esportiviza*: há muito tempo já existem campeonatos de ioga esportiva, da qual uma das modalidades é o *contorcionismo esportivo*. A capoeira é outro exemplo: houve, e ainda há, disputas entre aqueles capoeiristas para quem a capoeira deveria *esportivizar-se*, adequando-se à lógica esportiva vigente; mas há também aqueles que discordam disso e acreditam que ela deve ser caracterizada como jogo/luta, que – em vários aspectos – se diferencia (deveria diferenciar-se) do esporte.

Essa perspectiva introdutória me conduz a alguns aspectos que quero ressaltar: por um lado, o esporte constitui uma prática corporal particular, que se estabelece na sociedade de forma hegemônica; por outro, ele se estabelece num processo de dupla hegemonia, em que, além de ser hegemônico entre as práticas corporais, ele se hegemoniza na forma do que tem sido chamado de *esporte de rendimento*. Mas é importante destacar que isso não aconteceu de forma linear ou consensual, mas como um processo de lutas sobre qual a legítima maneira de viver o corpo, nesse campo particular – processo esse que ocorreu em diferentes momentos do seu desenvolvimento e ainda persiste, por exemplo, nas disputas – já referidas – sobre qual é a boa capoeira. Entre outros, o caso da capoeira é exemplar.

Nesta análise sucinta sobre o surgimento e o desenvolvimento do esporte (e da lógica a ele subjacente), enfatizei aquilo que, nesse desenvolvimento, lhe dá maior visibilidade social, o que costuma nos vir à mente quando ouvimos a palavra *esporte*: os clubes do coração, os nossos ídolos, as façanhas esportivas, as partidas decisivas que mobilizaram nossas emoções. Ou seja, o que muitas vezes tem sido referido como *esporte de rendimento*: o esporte profundamente vinculado a um senso de pertencimento e à busca de uma produtividade corporal, cuja forma especial de expressão é a palavra *recorde* – uma combinação do impulso para a quantificação do desejo de vitória, da busca do progresso, da excelência, de ser o melhor[16].

Mas a realidade empírica tem mostrado que essa não é única forma de pensar e viver o esporte. Com ênfase à sua prática no lazer, em vários textos tenho tentado expor que, apesar da existência de "um esporte" com a maior visibilidade social, as pessoas se apropriam dele de forma diferente desse modelo. Além de enfatizar essa posição, tenho tentado trazer à tona elementos que ajudem a compreender essa diversidade do esporte enquanto prática de lazer. Diversidade essa que, no contexto das dinâmicas sociais – apesar de alguns esforços acadêmicos –, resiste às classificações.

A diversidade do esporte – os esforços para classificá-lo

É possível, assim, dizer que, embora o esporte seja um fenômeno cultural difundido globalmente de forma padronizada, ele se manifesta também a partir de expressões particulares, quando – inserido em distintos contextos socioculturais e praticado por determinados indivíduos – adquire outras significações.

É provável que essa constatação tenha motivado alguns esforços acadêmicos no sentido de estabelecer distinções entre diferentes formas de pensar e viver o esporte. No Brasil, um esforço pioneiro foi realizado por Tubino em sua obra *Dimensões sociais do esporte*[17]. Nela o autor advoga que, se o esporte era anteriormente analisado apenas pela perspectiva do rendimento inerente à alta competição, hoje ele deve ser visto também pela lente de outras dimensões sociais:

---

16. Ver Jean-Marie Brohm, *Sociologie politique du sport*, Paris: Jean-Pierre Delarge, 1976; e, do mesmo autor, "Sociología política del deporte", em: *Partizans: deporte, cultura y represión*, Barcelona: Gustavo Gili, 1978, pp. 13-311; ver também Allen Guttmann, *From ritual to record: the nature of modern sports*, Nova York: Columbia University Press, 1978.

17. Manoel Jose Gomes Tubino, *As dimensões sociais do esporte*, São Paulo: Cortez/Autores Associados, 1992.

- "esporte-educação" – desvinculado do princípio do rendimento e ligado ao compromisso educativo – seria aquele realizado no contexto escolar;
- "esporte-participação" – relacionado ao prazer lúdico, ao bem-estar dos praticantes – teria sua materialização no lazer e no tempo livre; e
- "esporte-performance" ou "de rendimento" – aquele praticado por talentos esportivos, vinculado aos propósitos do êxito esportivo e sob regras preestabelecidas pelos organismos internacionais de cada modalidade.

Mais recentemente, referindo-se principalmente ao futebol (mas considerando a possibilidade de alargar as suas considerações para o esporte como um todo), Damo também tenta dar conta da diversidade esportiva[18]. Chamando a atenção para o fato de que a grande maioria das publicações brasileiras refere-se apenas ao futebol profissional, acaba por criticar essa concentração do interesse acadêmico no assunto e vai defender a ideia de que "há futebol fora das narrativas hegemônicas"[19]. Segundo ele, a "diversidade futebolística" se manifestaria em configurações denominadas:

- "futebol profissional", também referido como futebol-espetáculo ou futebol de alto rendimento/performance;
- "futebol de bricolagem", conhecido como fute, pelada, baba, racha e outras designações locais;
- "futebol comunitário", em certos contextos nomeado de futebol de várzea e em outros como futebol de bairro ou amador; e o
- "futebol escolar", vinculado à instituição escolar, como dispositivo pedagógico de uso alargado e transformado em conteúdo de educação física (EFI).

---

18. Arlei Sander Damo. "Monopólio estético e diversidade configuracional no futebol". *Movimento*. Porto Alegre: 2003, v. 9, n. 2, pp. 129-156.
19. *Idem*, p. 132.

Ao desenvolverem essas classificações, tanto Tubino como Damo – mesmo que de maneiras diferentes – demonstram insatisfação com uma visão única para o fenômeno esportivo e evidenciam a necessidade de expressar, via classificação, a diversidade do esporte. Difícil, porém, seria esperar que essas classificações conseguissem dar conta da realidade concreta. Não são necessários muitos argumentos para tornar possível a crença de que, no âmbito do "esporte-participação" (Tubino) ou "esporte de bricolagem" (Damo), o futebol possa realizar-se de diferentes formas, com significados diversos, eventualmente próximos ao de "esporte-performance" (Tubino) ou "esporte profissional" (Damo). O mesmo seria possível pensar sobre o "esporte-educação" (Tubino) ou "esporte escolar" (Damo), atividade que – materializada na dinâmica social – pode ser desenvolvida de diferentes maneiras, com diversos enfoques, a partir da posição pedagógica do professor e/ou das trajetórias de vida dos estudantes.

Dessa forma, as "dimensões sociais do esporte" e a "diversidade futebolística" ora esclarecem, ora obscurecem a compreensão do universo social do esporte. Por um lado, como "recortes" didáticos, elas nos ajudam a saber do que se estava falando, auxiliando, em muitas situações, a tornar os diálogos mais claros; por outro, as imagens oferecidas por essas delimitações também podem funcionar como simplificações reducionistas. Com isso quero dizer que as classificações apresentadas têm limites e podem contribuir para ofuscar a compreensão do esporte, no que se refere à diversidade que porventura ocorra no interior de cada uma das referidas categorizações. Não tenho dúvidas de que, ao desenvolver tais classificações, os autores tinham ciência de seus limites e sabiam que, ao desenvolvê-las, ofereceram tipos ideais, que são categorias de pensamento passíveis de ser utilizadas em várias situações. Porém, considero que elas não podem ser confundidas com o que acontece no dia a dia das práticas esportivas, quando encarnadas nos atores sociais.

A diversidade do esporte no lazer

Nas páginas que seguem, pretendo mostrar como diferentes grupos sociais constroem suas práticas esportivas peculiares, à semelhança do ato de cozinhar. Como já disse, vou me utilizar dessa metáfora por considerá-la esclarecedora. Também faço uso dessa perspectiva pelo fato de serem os exemplos apresentados a seguir fruto de análises culturais em que se evidencia a diversidade que constitui o mundo do esporte. Esses exemplos, quando relacionados à diversidade da comida, são bastante fecundos se a intenção é mostrar que os sentidos e os significados das coisas e dos comportamentos não são naturais, mas construídos socialmente.

Digo isso, pois muitas coisas servem para alimentar as pessoas, mas isso não faz com que todas elas sejam consideradas comidas (ou comestíveis). Mesmo que, ao comer, os seres humanos – na maior parte das vezes – estejam reagindo a motivações internas (necessidades), é um engano pensar que essas pessoas se relacionem com o que comem, fundamentalmente por meio do sistema gastrointestinal[20]. Isso porque todos os hábitos são perpassados pela cultura, e é essa que elege os gostos, expressos por diversas possibilidades e classificações em cada contexto. Significa dizer que

> o comportamento relativo à comida liga-se diretamente ao sentido de nós mesmos e à nossa identidade social, e isso parece valer para todos os seres humanos. Reagimos aos hábitos alimentares de outras pessoas, quem quer que sejam elas, da mesma forma que elas reagem aos nossos. Não é de surpreender, portanto, que o comportamento comparado relativo à comida tenha sempre nos interessado e documentado a grande diversidade social[21].

---

20. José Carlos Rodrigues, *Tabu do corpo*, Rio de Janeiro: Dois Pontos, 1986.
21. Sidney Mintz, "Comida e antropologia: uma revisão", *Revista Brasileira de Ciências Sociais*, São Paulo: 2001, v. 16, n. 47, pp. 31-40.

Não há necessidade de muitos exemplos para sermos convencidos de que aquilo que, num certo contexto, é considerado uma boa comida pode, em outro, ser motivo de estranhamento (e mesmo asco). Através dessa noção de diversidade, vou trazer exemplos de como essas pessoas vão "temperando" as suas práticas esportivas, ao seu gosto, o que se vincula ao efeito de apropriação. A partir desse ponto de vista, é de acordo com os gostos – as suas disposições para apropriação de determinadas práticas – que os indivíduos e os grupos sociais atribuem sentido ao que realizam. Isso faz com que um esporte, conhecido por determinado nome, possa receber diversos sentidos, de acordo com o contexto e com a posição social dos praticantes; são eles que – em seu uso – propõem a sua interpretação desse esporte, que pode ser oposta à do uso dominante[22].

"Temperando" o esporte – alguns exemplos

Um bom exemplo do que venho tratando já foi referido no início deste texto. Utilizei-o muitas vezes, na perspectiva de discutir a diversidade do esporte e temas correlatos. Mas, neste momento, a forma como os Caídos da Praia vivenciavam o futebol traz aspectos importantes para evidenciar uma maneira muito particular de construir um modo de viver o futebol – de acordo com o gosto do grupo.

O grupo desportivo Caídos na Praia é um grupo que pratica o futebol nas areias da praia do Molhe, na cidade do Porto, em Portugal, aos domingos pela manhã, já há muitos anos[23]. Em seu universo, identifiquei um processo de apropriação do futebol que me chamou a atenção, tanto pela forma como se materializava no dia a dia, nos discursos e nas ações dos participantes, como pelo

---

22. Pierre Bourdieu, *op. cit.*, 1983.
23. Segundo a história relatada, o grupo existe desde 1925, portanto, atualmente (2010) teria 85 anos de existência. Sobre isso, ver Marco Paulo Stigger, *Esporte, lazer e estilos de vida: um estudo etnográfico*, Campinas: Autores Associados, 2002.

fato de muito daquela lógica estar estabelecida em um documento, o estatuto do grupo.

Era assim que, de uma forma bastante explícita, o grupo tinha regras que acabavam por definir as peculiaridades do seu modo de viver o futebol: nunca jogavam contra adversários de fora, só admitindo jogos no contexto interno do grupo (jogar entre amigos), o que justificavam por não querer que aquela atividade fosse muito competitiva e seletiva. Também não permitiam que, de um fim de semana para o outro, as mesmas equipes se repetissem, o que explicavam considerando que essa seria uma forma de evitar rivalidades internas. Mas, apesar desse controle da competitividade, os participantes do Caídos buscavam realizar jogos disputados, o que faziam a partir da formação das equipes, visando a uma divisão equilibrada, o que – a cada fim de semana – era responsabilidade de uma dupla de jogadores. A dupla também desenvolvia essa divisão de forma bastante peculiar: a partir de uma avaliação acerca das características esportivas dos presentes, definiam a constituição das duas equipes; após isso estar determinado, era estabelecido, por sorteio, em qual das equipes cada um deles jogaria. Ou seja, eles não escolhiam as suas equipes, mas dividiam os jogadores presentes, consensualmente, em duas equipes que ambos considerassem equilibradas. E, em seu universo, isso era um valor – a ponto de, se ao final do jogo o placar fosse dilatado a favor de uma das equipes, os escolhedores serem criticados; mas se, ao contrário, ocorresse um resultado parelho, eles eram elogiados[24]. Para tal estratégia poder materializar-se, cada participante, ao entrar no grupo, recebia dois uniformes diferentes, que deveriam trazer consigo a cada encontro. Dessa forma, a cada domingo, apenas depois da formação dos times é que cada um sabia qual dos uniformes ia utilizar e quais seriam os seus companheiros e os adversários no jogo.

Nesse universo, acima da produtividade corporal e da competência para vencer as partidas, valorizava-se a assiduidade[25], o

---

24. Esse tipo de crítica e elogio foi identificado várias vezes no trabalho de campo.

25. Observado a partir do "Mapa de assiduidade" do grupo e determinado por esse critério, o único prêmio oferecido a algum participante é o do "sócio do ano".

investimento para a continuidade do grupo[26] e a disposição para jogar dentro de padrões de disputa considerados desejáveis por eles. Era dessa forma que realizavam um jogo de acordo com o gosto do grupo, que vinha sendo construído coletiva e historicamente, e que alguns chamavam de sua "mística" ou seu "espírito", de sua "filosofia"[27]. Com base nisso, várias estratégias eram desenvolvidas, para que todos os participantes fossem regulados pela cultura do grupo. Quem quisesse participar daquele universo cultural-esportivo deveria apreender aquela perspectiva de viver o esporte, sob pena de não ser aceito ou de ser excluído. Além disso, apesar de, em seu universo cultural particular e de lazer, mostrarem-se amantes do futebol oficial[28], vários aspectos da lógica futebolística dominante eram criticados e manipulados com a ajuda de tais estratégias.

Com muitas diferenças em relação a esse universo, desenvolvia-se a lógica futebolística do Veteranos do Ararigboia, grupo que pesquisei no Brasil. Esse grupo frequenta o Parque Ararigboia, no bairro do Jardim Botânico, em Porto Alegre, onde – já há muitos anos – desenvolve partidas de futebol aos sábados pela manhã[29]. Composto por cerca de 17 participantes, recebe equipes adversárias, contra as quais realiza seus jogos com características bem próximas das que se observam em partidas do futebol profissional: campo com medidas oficiais de futebol; partidas com dois tempos de 45 minutos; entre duas equipes de 11 jogadores; fazendo uso de uniformes; com equipamento esportivo adequado e cuidadosamente escolhido (chuteiras, meias, caneleiras, ataduras etc.); com arbitragem normalmente de fora; obedecendo a regras institucionalizadas.

---

26. A assiduidade era fundamental, mas, acima dela estava a continuidade do grupo. Como eram em torno de 35 participantes e, a cada domingo, apenas 22 poderiam jogar, naquele contexto era possível faltar, desde que não a ponto de comprometer a continuidade do grupo.

27. Dependendo do interlocutor, é utilizada uma dessas palavras para expressar a maneira de viver o esporte que construíram.

28. Os acontecimentos relativos ao futebol de Portugal eram assunto recorrente antes e depois dos jogos.

29. O grupo ainda está em atividade e, quando foi pesquisado, tinha aproximadamente 35 anos de existência.

Além dessas características – identificáveis por um olhar de fora –, a observação de dentro permite perceber que, assim como ocorre no futebol oficial, o grupo dá especial importância ao resultado do jogo e aos fatores que se articulam com esse resultado. Antes e depois dos jogos, os comentários feitos permitem perceber a que ponto é valorizada a performance de cada um dos participantes, e do grupo como um todo; sobre isso, registram seus resultados e – com base na performance individual – atribuem um prêmio anual ao jogador do ano. Tais aspectos podem ser observados em diversos momentos e relacionam-se ao que é determinante para a aceitação no grupo: mesmo que as amizades e o companheirismo sejam valorizados, e a assiduidade seja fundamental, saber jogar futebol é central para o ingresso e/ou continuidade de algum candidato a participante. Essa lógica leva, também, a hierarquizar seus jogadores entre titulares e reservas, aspecto que, no passado, levou à desarmonia e à formação de um novo grupo. Esse novo grupo foi constituído pelos dissidentes do primeiro, por estarem insatisfeitos com a condição de reservas, o que, em relação aos titulares, diminuía o tempo de participação nos jogos[30].

---

30. Os jogadores reservas costumavam entrar no jogo apenas no segundo tempo, mas muitas vezes – dependendo do resultado – só jogavam os últimos minutos das partidas.

Na perspectiva de analisar esses diferentes contextos futebolísticos, apresento, a seguir, um quadro comparativo que permite perceber semelhanças e diferenças na forma como cada grupo pensa e vive/vivia o esporte.

Características, estratégias e ingredientes	Caídos na Praia	Veteranos do Ararigboia
Formato do grupo	Homens adultos (conhecidos, amigos, parentes), na maioria com idade acima de 40 anos	Homens adultos (conhecidos, amigos, parentes), na maioria com idade acima de 40 anos
Formato do jogo	Jogam futebol (11 jogadores), com partidas realizadas no âmbito interno (entre amigos)	Jogam futebol (11 jogadores), com partidas realizadas contra adversários convidados
Arbitragem	Arbitragem realizada pelos próprios jogadores	Árbitro de fora, aceito por ambas as equipes
Forma de acesso	Ser apresentado por um participante	Ser apresentado por um participante
Critérios para ser aceito e para continuar no grupo	Estabelecer relações afetivas (amizade, companheirismo), ser assíduo e investir na continuidade do grupo	Estabelecer relações afetivas (amizade, companheirismo), ser assíduo e demonstrar produtividade na prática do futebol
Objetivos coletivos	Manter o grupo e manter a "mística"	Manter o grupo e vencer as partidas
Objetivos individuais	Divertir-se, jogar boas partidas	Divertir-se, jogar boas partidas e ser titular
Premiações	O sócio do ano, estabelecido por assiduidade	O jogador do ano, determinado por competência técnica e produtividade no jogo

134 | Inteligências múltiplas

Esse quadro e a descrição sumária[31] apresentada nas páginas anteriores permitem perceber que os grupos guardam semelhanças entre si: ambos praticam o esporte como uma atividade de lazer; são formados por homens adultos que buscam estabelecer vínculos de amizade e companheirismo; consideram que a garantia da assiduidade é um fator importante, tanto para a aceitação como para a manutenção de um participante no grupo.

Também podem, porém, ser percebidas diferenças significativas entre eles, que caracterizam duas formas peculiares de viver o futebol: o Caídos na Praia joga apenas no âmbito interno, enquanto o Veteranos do Ararigboia pratica futebol contra adversários de fora; os do primeiro consideram que ser assíduo e dedicar-se a dar continuidade ao grupo são qualidades fundamentais para cada participante; ao passo que os do segundo – mesmo valorizando a assiduidade e a continuidade do grupo – apreciam sobretudo o capital esportivo dos seus integrantes; e, se os primeiros dão pouca atenção ao resultado das partidas, os segundos buscam vencer seus adversários. Nesse contexto, é evidente que ambos os grupos gostam de competir e das emoções que isso proporciona; porém, edificam as suas atividades tendo como base níveis de competitividade bem diversos.

Sob esse aspecto, chama a atenção o fato de o Caídos na Praia estabelecer – inclusive sob forma escrita – estratégias que têm o objetivo de controlar a competitividade e, ao mesmo tempo, garantir que os jogos sejam atraentes, no que se refere à sua dimensão emocional. Mesmo que isso não esteja declarado de forma tão explícita (em documento escrito), o Veteranos do Ararigboia também vem realizando, na sua trajetória de existência, um futebol de acordo com o que lhe convém – nesse caso, mais próximo do futebol profissional e sem a mesma preocupação com o controle da competitividade.

---

31. Descrições mais densas podem ser encontradas em outras publicações: sobre os Veteranos do Ararigboia, ver Marco Paulo Stigger, "Futebol de veteranos: um estudo etnográfico sobre o esporte no cotidiano urbano", *Movimento*, Porto Alegre: 1997, n. 7, pp. 52-66; sobre os Caídos na Praia, ver, do mesmo autor, *op. cit.*, 2002.

Analisando esses comportamentos, é possível afirmar que os jogadores de ambos os grupos estavam buscando, através da combinação de um conjunto de fatores, encontrar um nível ótimo de tensão e excitação de acordo com os seus interesses. O Veteranos do Ararigboia alcança o seu nível ótimo desenvolvendo jogos com alto nível de seriedade, vinculados a um *ethos* profissional; já o Caídos na Praia atinge esse nível realizando jogos por divertimento, relacionados a um *ethos* amador[32].

É possível, então, depreender que cada um dos grupos, em particular, estabeleceu formas de materializar ao seu gosto o futebol, o que desenvolveram a partir de determinadas características que foram por eles estabelecidas através de estratégias adotadas e pelos ingredientes adicionados às suas práticas, que foram escolhidos para a sua constituição. Esses ingredientes faziam parte do seu futebol, e eram acrescentados de acordo com determinadas medidas. Essas combinações permitem diferenciar um grupo do outro: menos ou mais competitividade, mais ou menos interesse pelos resultados, maior ou menor rivalidade interna, maior ou menor valorização da assiduidade são alguns dentre os inúmeros componentes que fazem ou podem fazer parte de qualquer atividade esportiva e que, nesses grupos específicos, eram misturados de forma particular, na busca de uma receita ao gosto do coletivo. Mas, diferentemente de um cozinheiro que desenvolve suas receitas direcionando-se a um público, nos contextos estudados isso ocorria de forma coletiva, no convívio de cada fim de semana, vinculado ao gosto dos próprios participantes, vistos de forma ao mesmo tempo individual e coletiva.

Acerca disso, é importante perceber que a palavra "convívio" era uma das que conferia sentido à prática esportiva do Caídos na Praia, o que, por outras expressões, também era evidenciado entre o Veteranos do Ararigboia: eles estabeleciam diferença "entre quem efetivamente participa do grupo e quem 'apenas vem jogar futebol'"[33]. A própria caracterização como grupos fechados

---

32. Norbert Elias; Eric Dunning, *op. cit.*, 1992.
33. Marco Paulo Stigger, *op. cit.*, 1997, p. 53.

136 | Inteligências múltiplas

– aos quais só se pode ter acesso por convite, e que têm particularidades bem específicas na dinâmica esportiva estabelecida pelos participantes – conduz a um clima em que o coletivo é bastante valorizado. No que tange a viver esportivamente, ao conviver dentro desses universos, os indivíduos se socializam, ou seja, se inserem num processo de incorporação de um *habitus* social, no sentido que a expressão tem em Bourdieu[34]. Isso significa, por um lado, a adaptação dos indivíduos (não exatamente o consenso) a estruturas que lhes são anteriores e exteriores, mas, por outro, a possibilidade de disputa entre diferentes modos de vida que, a partir das experiências e expectativas de cada indivíduo em particular, coexistem dentro de um mesmo contexto.

No caso específico que venho expondo, a incorporação do *habitus* esportivo de cada grupo não se dá linearmente e de forma consensual, mas vinculada ao debate feito no interior de cada universo particular. Inspirados num esporte já conhecido por todos, isso ocorre na relação estabelecida entre os intervenientes, no que se refere à forma como cada indivíduo se apropriou dessa prática social na trajetória da sua existência. E esse indivíduo, na interação com os outros integrantes do grupo, propõe ao coletivo, a sua interpretação acerca do esporte.

No que se refere a esse aspecto, não são poucas as divergências, e mesmo conflitos, entre os participantes, demonstrando que suas atividades nem sempre acontecem em harmonia: quando Marco (dos Veteranos do Ararigboia) afirma que estava a ponto de largar o futebol por conta do exagerado nível de exigência, e ainda sugere "armar outro esquema"[35], está expressando insatisfação com a seriedade que tem caracterizado as atividades do grupo; quando um participante do Caídos na Praia afirma que "um indivíduo que leva tudo muito a sério é um indivíduo que [...] não

---

34. Sentido que evoluiu em várias de suas obras, principalmente a partir de Pierre Bourdieu, *La Distinction: critique social du jugement*, de 1979, traduzida no Brasil por Daniela Kern e Guilherme J. F. Teixeira, como *A distinção: crítica social do julgamento*, São Paulo/Porto Alegre: Edusp/Zouk, 2007.

35. Marco Paulo Stigger, *op. cit.*, 1997, p. 57.

cria bom ambiente para o grupo"[36], está defendendo uma forma menos competitiva de se relacionar com o esporte.

Se esses dois integrantes dos grupos em pauta se posicionam numa direção que parece ser oposta à lógica do esporte de rendimento, é pelo fato de haver, nos respectivos contextos, outros participantes que – na forma como se apropriam do esporte – têm comportamentos que alimentam a sua prática coletiva com nível mais alto de seriedade, mais próximo ao do futebol oficial. E dessa forma, num processo de disputa acerca do que é o bom uso do esporte, os diferentes grupos parecem adquirir uma identidade que é resultado de negociações e mediações em confronto, existentes no seu interior. É razoável, então, pensar que aquilo que é visto de fora desses contextos, cuja aparência é de homogeneidade, é o resultado dessas interações.

Pode-se, assim, inferir que é através de um processo de interação e de conflitos que se dá no convívio esportivo que os vários intervenientes têm a possibilidade de participar do processo de construção de um modo de viver o esporte em cada contexto particular. É assim que todos e cada um vão colocando os temperos que dão materialidade às suas atividades. Nesses processos são articuladas inúmeras dimensões que fazem parte do viver o esporte, as quais concretizam formatos difíceis de classificar.

Finalizando

Procurei, neste texto, apresentar elementos teóricos e empíricos capazes de levar a pensar sobre a diversidade do esporte. Tratando de forma especial a diversidade esportiva que se manifesta no universo do lazer, busquei ainda refletir acerca de como se constituem determinados contextos, consolidando maneiras específicas – porque diferentes de outras – de pensar e viver essa prática social.

---

36. *Idem, op. cit.*, 2002, p. 131.

Inicialmente foram oferecidas bases para que se compreenda como – historicamente falando – o esporte como o conhecemos surgiu, o que permitiu perceber que a sua origem já se deu em um contexto de lutas e disputas vinculadas a esforços de legitimação de uma forma específica de pensar e viver o corpo. Mais adiante ele aparece como fenômeno cultural e prática social legítima – porque legitimada – e relacionada a uma dupla hegemonia: a hegemonia do esporte na relação com outras práticas corporais e a hegemonia do esporte de rendimento no contexto dos esportes. Posteriormente, com a ajuda da noção de apropriação, sustentei que o que existe é uma pluralidade de formas de pensar e viver o esporte, e isso se relaciona com os sujeitos que o praticam e com o contexto em que o esporte acontece. Isso me levou a defender a existência, nesse contexto, de uma diversidade cultural, o que é bastante difícil de expressar com base em classificações.

Na perspectiva de oferecer concretude a essas ideias, apresentei alguns exemplos empíricos de atividades esportivas auto-organizadas, relacionando tais exemplos ao o ato de cozinhar. Com eles tentei demonstrar que, de forma análoga ao modo como as comidas são preparadas, nos processos coletivos dos grupos esportivos (no convívio), os diversos participantes têm a possibilidade de oferecer os seus temperos ao esporte que praticam, contribuindo assim para que uma determinada prática se materialize ao seu gosto.

Competitividade, rivalidade, brincadeira, superação, disputa, seriedade, hierarquia, divertimento, violência, busca do resultado, ludicidade são vários, dentre um sem-número de outros ingredientes que podem ser manipulados e – em diferentes medidas – combinados a partir de uma mesma receita na busca de determinados (e possíveis) sabores. Mesmo com limites, essa metáfora parece ser esclarecedora e pode ajudar a pensar como algumas atividades esportivas acontecem; pode, ainda, levar à reflexão acerca de como se pode fazer uso do esporte ao gosto dos seus protagonistas.

Referências

BOURDIEU, Pierre. "Como é possível ser esportivo?" Em: *Idem. Questões de sociologia.* Rio de Janeiro: Marco Zero, 1983, pp. 136-153.

___ . *A distinção: crítica social do julgamento.* Trad. KERN, Daniela; TEIXEIRA, Guilherme J. F.; São Paulo/Porto Alegre: Edusp/ Zouk, 2007.

BRACHT, Valter. "Esporte de rendimento na escola". Em: STIGGER, Marco Paulo; LOVISOLO, Hugo (orgs.). *Esporte de rendimento e esporte na escola.* Campinas: Autores Associados, 2009, pp. 11-26.

BROHM, Jean-M. *Sociologie politique du sport.* Paris: Jean-Pierre Delarge, 1976.

___ . "Sociología política del deporte". Em: *Partizans: deporte, cultura y represión.* Barcelona: Gustavo Gili, 1978, pp. 13-31.

CHARTIER, Roger "Le sport ou la libération contrôlée des emotions". Em: ELIAS, Norbert ; DUNNING, Eric. *Sport et civilization: la violence maîtrisée.* Paris: Fayard, 1994, pp. 7-24.

DAMO, Arlei. S. "Para o que der e vier: o pertencimento clubístico no futebol brasileiro a partir do Grêmio Foot-Ball Porto Alegrense". Dissertação (Mestrado). Porto Alegre: Programa de Pós-Graduação em Antropologia Social da Universidade Federal do Rio Grande do Sul, 1994.

___ . "Monopólio estético e diversidade configuracional no futebol". Em: *Movimento*, Porto Alegre: 2003, v. 9, n. 2, pp. 129-156 (Escola de Educação Física da Universidade Federal do Rio Grande do Sul).

ELIAS, Norbert; DUNNING, Eric. *A busca da excitação.* Trad. Maria Manuela Almeida e Silva. Lisboa: Difel, 1992.

GUTTMANN, Allen. *From ritual to record: the nature of modern sports.* Nova York: Columbia University Press, 1978.

HOBSBAWN, Eric; RANGER, Terence (orgs.). *A invenção das tradições.* Rio de Janeiro: Paz e Terra, 1984.

LE FLOCH'MOAN, Jean. *La génesis de los deportes*. Barcelona: Labor, 1969.

LOPES, José Sérgio L. "Esporte, emoção e conflito social". Em: *Mana: estudos de antropologia social*. Rio de Janeiro: v.1, n. 1, 1995, Relume Dumará.

MINTZ, Sidney. "Comida e antropologia: uma revisão". Em: *Revista Brasileira de Ciências Sociais*. São Paulo: 2001, v. 16, n. 47, pp. 31-40 (Anpocs).

RODRIGUES, José C. *Tabu do corpo*. Rio de Janeiro: Dois Pontos, 1986.

STIGGER, Marco P. "Futebol de veteranos: um estudo etnográfico sobre o esporte no cotidiano urbano". Em: *Movimento*, Porto Alegre: 1997, n. 7, pp. 52-66 (Escola de Educação Física da Universidade Federal do Rio Grande do Sul).

___. *"Desporto e educação física no contexto da globalização"*. Apresentação de trabalho. Em: I Congresso Internacional de Ciências do Desporto, Porto: 1999a.

___. "Desporto, multiculturalidade e educação": Em *Educação: Sociedade e Culturas*, Porto: 1999b, v. 12 (Afrontamento).

___. *Esporte, lazer e estilos de vida: um estudo etnográfico*. Campinas: Autores Associados, 2002.

___. *Educação física, esporte e diversidade*. Campinas: Autores Associados, 2005.

___. LOVISOLO, Hugo. *Esporte de rendimento e esporte na escola*. Campinas: Autores Associados, 2009.

TUBINO, José Manuel G. *As dimensões sociais do esporte*. São Paulo: Cortez/Autores Associados, 1992.

Parte II
FOTOGRAFIAS

O uso das inteligências corporal-cinestésica, espacial e interpessoal é necessário para resolver os problemas em um jogo adaptado de polo aquático.
Sesc Santo André.

Uso da inteligência interpessoal, essencial no âmbito da ação coletiva, antes da prática de uma atividade física em grupo ao ar livre Sesc Campinas.

Uso da inteligência musical para tocar o berimbau, instrumento essencial para a capoeira.
Sesc Ipiranga.

Conhecer e ampliar os limites do corpo com o alongamento: uso da inteligência corporal-cinestésica. Sesc Campinas.

Ampliando as possibilidades da mente em movimento com as inteligências múltiplas.
Sesc Carmo.

Usando as múltiplas inteligências para perceber as possibilidades do corpo em movimento.
Sesc Carmo.

Ambiente desafiador para experimentar as inteligências. Sesc Santos.

Explorar o desafio de uma escalada: uso das inteligências corporal-cinestésica e espacial.
Sesc Santos.

Ambiente organizado com espelhos para provocar a ativação da inteligência intrapessoal.
Sesc Vila Mariana.

Experimentar as inteligências múltiplas: o ambiente desafiador.
Sesc Vila Mariana.

Inteligências múltiplas: conexões promovidas pelas experiências do corpo em movimento.
Sesc Vila Mariana.

Espaços organizados para despertar e ativar as múltiplas inteligências.
Sesc Vila Mariana.

Organização intencional de ambientes para provocar o uso das inteligências múltiplas.
Sesc Vila Mariana.

Ambientes desafiadores levam ao uso das inteligências múltiplas. Sesc Piracicaba.

Usando as inteligências corporal-cinestésica, espacial e interpessoal para jogar em equipe.
Sesc Piracicaba.

Desafios ativam a utilização das inteligências múltiplas.
Sesc Ipiranga.

Usando a inteligência corporal-cinestésica para vencer obstáculos em um ambiente desafiador.
Sesc Ipiranga.

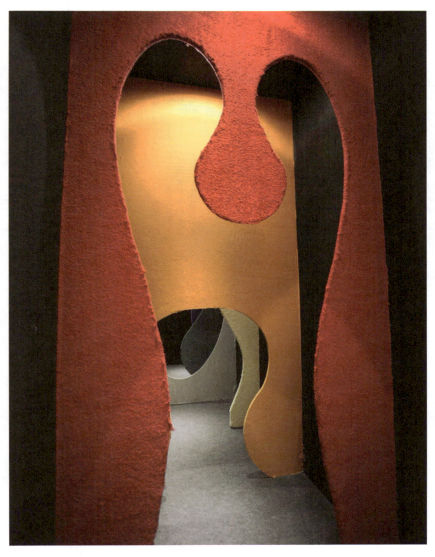

Sesc Carmo.

Ativando as inteligências corporal-cinestésica e intrapessoal para experimentar o ambiente.
Sesc Carmo.

Na adaptação do hóquei, usando a inteligência corporal-cinestésica para vencer um jogo individual. Sesc Consolação.

Parte III

AS INTELIGÊNCIAS MÚLTIPLAS
E A EXPERIÊNCIA DO SESC VERÃO

Introdução

Regiane Cristina Galante

Entre os vários projetos realizados pelo Sesc São Paulo, o Sesc Verão acontece anualmente desde 1995, nos meses de janeiro e fevereiro, em todas as unidades da capital, interior e litoral.

Participam desse projeto pessoas das mais variadas faixas etárias e, a cada ano, sempre são propostas ações no sentido de reforçar a importância da atividade física e da prática esportiva como fontes de melhoria da qualidade de vida. Nos moldes de um grande acontecimento, sempre aliado a uma campanha de sensibilização, o Sesc Verão promove uma programação diversificada de cursos, festivais e apresentações esportivas, além de torneios, exposições, instalações lúdicas e também clínicas com a participação de atletas e personalidades do esporte. Com isso, procura alcançar significativamente cada indivíduo, grupos de pessoas ou a comunidade como um todo, ampliando a participação de cada um em práticas corporais, esportivas e de lazer.

Neste sentido – e compreendendo que a atividade físico-esportiva deve ser um meio de transformação, traduzindo valores e conteúdos que poderão sensibilizar ou modificar o cotidiano dos indivíduos –, o Sesc Verão baseia-se em conceitos e fundamentos teóricos que, por meio de um trabalho de educação corporal – para o movimento e pelo movimento –, buscam contextualizar sua ação de formar/transformar o cidadão.

Tradicionalmente, os temas abordados pelo Sesc Verão se voltam para a conscientização da população quanto aos benefícios não só da prática da atividade física, mas também do autoconhecimento, da participação esportiva e da qualidade de vida – individual e comunitária.

Em 2009, com o lema "Movimente-se! Pratique suas inteligências e faça um verão diferente!", o Sesc Verão trouxe à tona a discussão a respeito do corpo, da pessoa e suas inteligências. O objetivo central foi discutir a atividade física, o esporte e a teoria das inteligências múltiplas, com o propósito de desenvolver as competências do ser humano por intermédio de um vasto leque de atividades e estruturas pautadas nas características de cada uma das oito inteligências mapeadas por Howard Gardner.

Mobilizando cerca de um milhão e oitocentas mil pessoas, um dos objetivos foi mostrar que as atividades físicas e os esportes são estímulos que possibilitam o desenvolvimento das inteligências, pois, pela constante superação e resolução de problemas, esses estímulos provocam aprendizados – principalmente por meio da manifestação da criatividade envolvida nas atividades corporais.

Tomando este projeto como uma possibilidade pedagógica, os gestores esportivos do Sesc, mediante um referencial metodológico baseado na teoria das inteligências múltiplas, ocuparam-se em elaborar as atividades pertinentes para tanto. Esse processo é apresentado a seguir.

1. Para uma pedagogia do movimento corporal no ambiente Sesc: a abordagem das inteligências múltiplas

Hermes Ferreira Balbino

Ao elaborar uma pedagogia do movimento tendo em vista o estímulo das inteligências múltiplas, é necessário pautá-la não só nos referenciais do ambiente inteligente e nas características das atividades físicas e esportes, mas também na concepção que se faz do ser humano, isto é, como se concebe a pessoa que participa dessas vivências.

Nos cenários institucionais do Sesc – que organizam o ambiente inteligente –, ao promover possibilidades de movimento segundo nossa visão pedagógica do esporte e da atividade física, tem-se um processo complexo e especializado de ciência: o fenômeno pedagógico de ensinar e aprender tomado como vivência.

Tal processo vivencial é composto por múltiplos elementos que atuam em um mesmo instante. Provêm de várias disciplinas científicas os diversos pontos de vista oferecidos para compreender os participantes e o cenário que, juntos, compõem tal fenômeno e sua manifestação – via atividade física e esportiva –, ao estabelecerem-se relações interpessoais entre os participantes das programações de atividades (qualquer que seja sua função) nos diversos ambientes do Sesc.

Nesse processo de ensino-aprendizagem em atividades que têm como base o movimento humano, consideramos haver – nesse âmbito propiciador e fundamentado em princípios da pedagogia do esporte e da atividade física[1] –, grande potencial de estímulo de múltiplas competências. Assim, consideramos esse um campo da ação de pessoas, onde é possível aos participantes

---

1. Os conteúdos da pedagogia do esporte e da atividade física se voltam para atividades que favoreçam a possibilidade de jogar ou participar tendo como base recursos oferecidos pela concepção das inteligências múltiplas.

viver experiências organizadas, cujo princípio consiste em oferecer oportunidades para o seu desenvolvimento integral[2].

Na concepção da pedagogia do esporte e da atividade física, entendemos o *setting pedagógico* como espaço físico integrado ao espaço pedagógico – em ambiente próprio para promover atividades –, onde acontece um "jogo" entre duas realidades "unificadas": a realidade interna e subjetiva (do participante das atividades pertencentes à cultura corporal de movimento) integrada à sua realidade externa e objetiva.

Roberto Paes, autor ligado a essa pedagogia do esporte, afirma: "Quem joga mostra-se verdadeiramente"[3]. O *setting* – ou o lugar concreto e carregado de simbolismos onde a atividade ocorre sob a orientação de um agente pedagógico – comporta, assim, a subjetividade constituída, tomada como o potencial inteligente que está a ser intencionalmente desafiado. Esse fenômeno do instante (que é único e singular) é vivenciado pela pessoa como alteração do momento percebido em sua realidade interna, ou como mudanças que ocorrem em sua realidade externa. Os desafios são representados pelas tarefas (ou situações-problema)

---

2. A concepção aqui apresentada foi inspirada em Howard Gardner, *Estruturas da mente: a teoria das inteligências múltiplas*, Porto Alegre: Artes Médicas, 1994; Linda Campbell; Bruce Campbell; Dee Dickinson, *Ensino e aprendizagem por meio das inteligências múltiplas*, 2ª ed., Porto Alegre: Artes Médicas Sul, 2000; Therese Amelie Tellegen, *Gestalt e grupos: uma perspectiva sistêmica*, São Paulo: Summus, 1984; Roberto Rodrigues Paes, *Educação física escolar: o esporte como conteúdo pedagógico do Ensino Fundamental*, Canoas: Ulbra, 2001; Roberto Rodrigues Paes; Hermes Fernandes Balbino (orgs.), *Pedagogia do esporte: contextos e perspectivas*, Rio de Janeiro: Guanabara Koogan, 2005; Philippe Meirieu, *Aprender... sim, mas como*, Porto Alegre: Artes Médicas, 1998; Lino de Macedo; Ana Lúcia Petty; Norimar Christe Passos, *Aprender com jogos e situações-problema*, Porto Alegre: Artes Médicas Sul, 2000; Johan Huizinga, *Homo ludens: o jogo como elemento da cultura*, São Paulo: Perspectiva, 2000; João Batista Freire, *O jogo: entre o riso e o choro*, Campinas: Autores Associados, 2002; João Batista Freire; Alcides José Scaglia, *Educação como prática corporal*, São Paulo: Scipione, 2003; e Silvia Venâncio; Elaine Melo de Brito Costa, "O movimento humano e o brincar", em: Silvia Venâncio; João Batista Freire (orgs.),*O jogo: dentro e fora da escola*, Campinas: Autores Associados, 2005, pp. 27-36 – entre elas, obras que anteriormente fundamentaram a publicação de Hermes Fernandes Balbino. *Jogos desportivos coletivos e as inteligências múltiplas*, Hortolândia: Unasp, 2007; – e também na aplicação desses fundamentos pelo autor no exercício de sua prática profissional na pedagogia do esporte e da atividade física.

3. Roberto Rodrigues Paes, *Educação física escolar: o esporte como conteúdo pedagógico do Ensino Fundamental*, Canoas: Ulbra, 2001.

que vão sendo interiorizadas (introjetadas), em um constante exercício interno do indivíduo que se movimenta, levando-o a um estado em que são possíveis novas percepções sobre si mesmo e sobre o mundo.

Segundo essa visão pedagógica, jogar ultrapassa o entendimento de movimentar-se por um campo de jogo qualquer. Significa, principalmente, atuar no *jogo existencial da pessoa* e em sua presença corporal no mundo. Tal fenômeno constitui a interface que reúne duas realidades pessoais: a realidade interna e subjetiva em contato constante com a realidade externa e objetiva. Podemos considerar que, por estar "camuflada", essa dicotomia (realidade interna pessoal/realidade externa pessoal) por vezes se confunde em uma única experiência de percepção.

Assim, ao estar voltada para uma faceta pedagógica do movimento, essa vista solicita elementos norteadores – à guisa de pilares conceituais para uma pedagogia do movimento corporal –, com a finalidade de fundamentar e dar suporte à concretização das possibilidades de perceber a manifestação das inteligências expressas no homem em movimento. Trilhando a perspectiva até aqui lançada, apresentamos a seguir apontamentos para elaborar práticas corporais a partir da ideia de estímulo das inteligências múltiplas.

Do jogo para o jogar: uma visão do ambiente inteligente para a pessoa em ação

Jogo é processo. Jogar é agir, é expressar-se, é movimentar-se dentro do processo do jogo. A ideia que integra o jogo e o jogar sugere que os participantes *atuam* em um campo de movimentos alocado em um cenário pedagógico.

Atuar, em uma situação-problema, significa participar de um jogo de perguntas e respostas. No contexto pedagógico do homem em movimento, atuar com a ideia integrada de jogo e jogar significa promover desafios em diferentes níveis de exigência para estimular as múltiplas inteligências, através da elaboração e da oferta de atividades interessantes e motivadoras, que instiguem os participantes à ação.

Nesse lugar em que o jogo de competências e habilidades ocorre, a princípio entendemos o jogo como Huizinga o define: "uma atividade de ocupação voluntária, exercida dentro de certos e determinados limites de tempo e espaço" – como em nosso cenário pedagógico que o constitui – "segundo regras livremente consentidas, mas absolutamente obrigatórias"[4]. Tais regras são construídas pelos técnicos e professores, ou pelos próprios participantes, mediante suas proposições individuais e singulares de autodesafio.

Esse jogo consentido deve ser "dotado de um fim em si mesmo, acompanhado de um sentido de tensão e de alegria"[5], cujo objetivo está alicerçado na dúvida do resultado final, acerca dos pontos que foram superados (além de outras dúvidas nele geradas) e nas decisões tomadas em estado de alegria, provocado pela liberdade de decidir, e pelo sentimento de que cada participante pode ser o responsável pelo sucesso ou pelo fracasso de suas investidas.

Nesse cenário, ao participante do jogo é oferecida a oportunidade de estar em um espaço de interações em que tal fenômeno é dotado "de uma consciência de ser diferente da vida cotidiana"[6], pois aí estão presentes valores outros, que o jogar provoca e oferece a seus participantes. A pessoa é lançada para o inusitado, o imprevisível, o aleatório. Em virtude disso, tal cenário "sugere ambiente de arrebatamento e entusiasmo, torna-se sagrado ou festivo de acordo com as circunstâncias. A ação é acompanhada por um sentimento de exaltação e tensão, seguida por um estado de alegria e distensão"[7].

Nesse campo de jogo, formado e organizado pelas pessoas que dele participam, ocorre uma forma e expressão singular de cada pessoa em sua totalidade (e da totalidade enquanto unida). Essa ocorrência é movida pela complexa interação das múltiplas

---

4. Johan Huizinga, *op. cit.*, pp. 225-226.
5. *Idem, ibidem.*
6. *Idem, ibidem.*
7. *Idem, ibidem.*

competências e habilidades de cada um, em um lugar de jogar que só existe enquanto as pessoas ali estão, pois é "limitado no tempo, não tem contato com qualquer realidade exterior a si mesmo, e contém o seu fim em sua própria realização"[8].

O jogo acaba ao acabar o jogar, quando cessam as intenções e as ações, no momento em que a pessoa se desocupa de provocar movimentos intencionais para satisfazer as proposições aí vigentes: as das regras e as suas próprias. O cenário então se modifica: os participantes estabelecem que cessaram as regras do jogo, e há uma volta às normas e às regras sociais habituais. Daí em diante, as regras para jogar tornam-se constituintes de um conjunto de experiências de aprender, pertencentes à sua história de vida. Houve dúvidas, escolhas de cursos de ação, tomadas de decisão. Tal jogar se encerra, mas ainda não é o seu final. Vai oferecer/dar lugar a outros fenômenos, frutos da elaboração daquele conjunto de vivências organizadas pedagogicamente.

Tendo em conta essas características, as vivências pedagógicas convergem para várias possibilidades, seja de ocupação saudável do tempo livre, seja de ter para si momentos sustentados por experiências lúdicas que pertencem à infância ou remetem a ela, dentro da significativa possibilidade de livre aprender. É possível, pautado na orientação de Huizinga, afirmar que a atração desafiadora pelo jogar "caracteriza-se, além disso, pela consciência de se tratar de uma atividade agradável, que proporciona um relaxamento das tensões da vida cotidiana"[9].

Outro que faz apontamentos sobre o jogo é João Batista Freire da Silva, estudioso contemporâneo da pedagogia do movimento. Para o autor, o jogo não se relaciona nem ao passado nem ao futuro: o jogo é sempre uma atividade do presente[10]. O jogo basta por si. Trata-se de uma atividade que não separa sujeito e objeto, um fenômeno que se manifesta quando nossas ações se polarizam na direção da subjetividade. A experiência de jogar evoca o desejo, a

---

8. *Idem, ibidem.*
9. *Idem, ibidem.*
10. João Batista Freire, *Iniciação esportiva: esporte escolar*, Brasília: Centro de Educação à Distância da Universidade de Brasília, 2005.

imaginação e a emoção que tornam o jogo possível, criando o ambiente favorável à sua manifestação. Sendo o jogo uma atividade do presente, jogar é vivenciar o presente. Fundem-se, aí, as modalidades do exercício e do jogo, que se interpenetram. Os jogos apresentam características de exercícios, e os exercícios assumem características de jogos, mas sem esquecer que o jogo é mais coerente com as características de imprevisibilidade e complexidade do que o é o exercício. Tomado o jogo como categoria maior, o esporte, a dança, a luta, a ginástica são, para Freire, manifestações dele, em diferentes contextos.

No jogo, é preciso reconhecer propriedades que vão além da percepção dos movimentos de quem joga. Dessa maneira, o jogo se torna um campo de manifestação das múltiplas competências que estão além dos movimentos corporais e das capacidades corporais-cinestésicas. Assume, com isso, a condição de se tornar a interface potencial de estímulo às demais competências humanas, o que, baseados na compreensão da teoria das inteligências múltiplas, podemos verificar.

Já o jogar ultrapassa o limite do espaço, dos jogadores e das regras. Jogar significa comunicação com o outro, e vai além da expressão estética e visual de ter um espaço-tempo de pessoas em movimento. Paternost afirma que jogar significa expressão de linguagem sensorial, gestual, mímica[11]. Quando joga – a partir de suas estratégias mentais, crenças, valores e de seu autoconceito –, a pessoa se mostra em uma linguagem de movimentos que se manifesta em jogos de oposição, de perguntas e respostas ao outro. Tal linguagem, para manifestar-se como elemento de comunicação, deve utilizar-se do corpo para, através do movimento, realizar-se como instrumento de expressão. E aí, nesse espaço psicogeográfico, do corpo "espacializado" interna e externamente, as pessoas expressam diversas formas de linguagem, compartilham sentimentos e emoções umas com as outras, em

---

11. Verónica Paternost, "O jogo da linguagem", em: Sílvia Venâncio; João Batista Freire (orgs.), *O jogo dentro e fora da escola*, Campinas, São Paulo: Autores Associados, 2005, pp. 173-187.

um desafio marcado por esse território sagrado que é concedido aos participantes do jogo.

A superação

Para Lenk, o esporte pode significar um meio para a pessoa se superar, buscar a perfeição pessoal e existencial, através dos esforços que realiza, mediante o domínio disciplinado do corpo e da constante possibilidade de ultrapassar um desempenho anterior[12]. Dessas experiências no esporte referidas por Lenk, podemos sugerir um exercício de projeção para outros conteúdos de atividades físicas que pertencem ao conjunto dos desafios do corpo em movimento – jogo, ginástica, luta, dança –, atividades de uma cultura do movimento corporal.

Podemos inferir que esses instantes de superação também ocorrem por haver competição na presença de oponentes, sejam externos, como os adversários, ou internos, como o próprio sujeito e seus objetivos a serem atingidos. Aqui entendemos que, ao contrastar e perceber um desempenho em relação a outros, a pessoa também se compara em relação a outras experiências vividas anteriormente, e, a partir dessas comparações subjetivas, surge um ponto de superação a ser explorado e transposto[13]. O ambiente repleto de relações humanas positivas e nutridoras do autoconceito é um facilitador adequado para superar as situações-problema, pois, ao se deparar com novas situações desafiadoras – que se dão não só pelo exercício em torno do conflito e dos problemas motores, mas também pela busca de expressar as respostas via movimento, fruto da compreensão que o sujeito tem do problema –, tal conduta pedagógica culmina com o enriquecimento das estruturas de pensamento. A partir daí, há uma reestruturação do pensamento, e, ao lidar com situações novas, o aprendiz tem a seu dispor um novo conjunto de experiências elaboradas.

---

12. Maria Lenk, *Natação olímpica*, Rio de Janeiro: Americana, 1974.
13. *Idem, ibidem.*

O grupo e as relações interpessoais como instauradores da noção de sistema no espaço das atividades corporais

Um conjunto se justifica, como sistema, por suas relações funcionais relativamente estáveis. No espaço da cultura corporal, haver pessoas movimentando-se em grupo em torno de um mesmo propósito pode, assim, ser visto como um sistema. O básico é que haja função e funcionalidade, isto é, circulação de elementos, entre os componentes do sistema, que resulte em algum tipo de mudança, transformação.

Uma situação corriqueira serve de exemplo. Mediante as situações-problema que são lançadas, um grupo de pessoas que jogam futsal (um jogo) passa a ter um significado de sistema na medida em que as pessoas participantes desse ambiente de atividades se comunicam por códigos comuns, que podem se expressar pelos movimentos e lances do jogar, ou através dos gestos dos exercícios, mímicas, passes, finalizações à meta (bem-sucedidas ou não) e nas diversas formas de expressão para aquilo que a situação apresenta.

A defensiva atua, em sentido de interdependência, contra a ofensiva: quem tem a posse de bola joga contra quem quer retomá-la, na tentativa de ludibriar o adversário e finalizar. Para que o jogo possa existir, os dois grupos precisam coexistir. Esse sentido de comunicação entre os jogadores fornece ao sistema uma mudança em capacidade e qualidade de ação, possibilitando, à medida que normas e funções estruturais deixam de ser funcionais, a modificação dessas mesmas normas e funções, ou seja, quando algo não dá certo, as pessoas tentam fazer de outro modo, colocando-se para receber a bola em diferentes posições, tentando outras fintas, em posse da bola ou sem ela, querendo se desfazer da marcação do adversário.

Ao ficar estagnado, o jogo repousa em um platô. Sistemicamente, o jogo atinge um disfarçado equilíbrio; dá-se uma suposta estagnação, uma adaptação às regras e aos desafios que foram resolvidos. Em uma primeira possibilidade, o próprio jogador busca desequilibrar o sistema, quebrando a "ordem" que está encobrindo a latente desordem do jogo. Eis o momento de provocar a mudança em sua estrutura, lançando novos desafios que levem as pessoas à ação, pois, ao jogar ou praticar exercícios, a pessoa adere à possibilidade de ter satisfação, ao sentir o seu devido valor reconhecido no ambiente do esporte e da atividade física: está à procura de ter, na desafiadora participação nesse ambiente, a vivência de aspectos que envolvem a superação.

Em um procedimento pedagógico, o pedagogo intervém aqui, oferecendo ao grupo uma nova condição para continuar a jogar e a superar-se constantemente em suas relações com os companheiros, em seus deslocamentos inusitados e surpreendentes, e até para tentar novas jogadas pessoais ou em combinação com os outros. A intervenção do pedagogo pode ser uma proposição nova, uma regra complementar: um procedimento que proponha a quebra dessa ordem adaptada. Assim, diminui espaços, modifica o alvo, oferece uma nova proposição com algum tipo de restrição do manejo da bola ou do objeto do jogo.

Voltemos a Huizinga. Para ele, o jogo constitui um fenômeno dotado "de uma consciência de ser diferente da vida cotidiana"[14]. A partir dessa compreensão, voltamos a atenção para as relações entre os elementos pertencentes ao conjunto dos participantes do jogo, procurando entendê-las, no âmbito da pedagogia do esporte e da atividade física, como visão de um sistema em funcionamento e que constitui uma referência a regras próprias, diferentes das normas habituais da sociedade. Tais regras são válidas só no ambiente do jogo e provocam as expressões pessoais válidas para aquele jogo em processo. Com base nas conexões de atitudes e ligações com os companheiros e oponentes, as pessoas expressam um sentido sistêmico nas relações pessoais que se constituem ao jogar o jogo, ou ao praticar as atividades físicas.

Tomando esse fenômeno a partir da compreensão de Therese Tellegen, dizemos que ele instaura uma constelação[15] de relações

---

14. Johan Huizinga, *op. cit.*, pp. 225-226.
15. No sentido de relação que se estabelece entre variáveis.

entre as pessoas, caracterizando assim o jogo interpessoal da subjetividade, ou seja, jogos entre pessoas e suas emoções, seus sentimentos, suas competências e habilidades, para oferecer e superar desafios que os participantes dos jogos lançam no espaço de jogo[16]. O ponto de vista apontado a partir dessa óptica abre a possibilidade de abranger as inter-relações entre:

- As inúmeras dimensões pessoais que compõem um grupo – representadas pelas competências intra e interpessoais de ordem funcional, na medida em que operam com suas habilidades e recursos internos no trato com a percepção que têm de si –, em função de cumprir com os objetivos do jogo;
- As dimensões institucionais – ao vivenciar o fenômeno em um espaço que pertence à instituição e, com respeito, responde às suas normas e regras; e
- As dimensões socioculturais, ao expressar, nas relações com as pessoas, a possibilidade de conviver com valores comuns e produzir novos instantes que, para muitos que participam de tais instantes, vão servir como experiência de aprendizagem coletiva com significação individual.

Nos espaços dessa pedagogia do esporte e da atividade física, fazemos analogia à percepção de Tellegen e tomamos a ideia de grupo como um conjunto de pessoas que, nesse lugar de ensinar e aprender, forma uma constelação de relações entre os participantes e suas expressões. No "rol" de procedimentos, o professor ou técnico exerce uma função mediadora, cuidando do reconhecimento, da antecipação ou da compensação das alterações da estrutura grupal, e também dos comportamentos das pessoas enquanto se movimentam, expressam sentimentos, exercitam-se, jogam. Esse ato mediador significa que o pedagogo registra, armazena, classifica e devolve sinais, sejam novas informações sejam novos desafios.

---

16. Therese Amelie Tellegen, *op. cit.*

Sobre o campo de jogo

Ao determinar seu espaço como sagrado, Huizinga introduz a ideia da sacralidade do jogo. Nesse espaço, valem somente as regras do jogo, arrebatando a pessoa de seu viver cotidiano e validando as relações com os outros participantes e as expressões de suas múltiplas competências cognitivas. A isso se alia a manifestação da pessoa e de suas múltiplas dimensões – física, mental, social, emocional e espiritual[17] –, a expressão da pessoa em sua totalidade. E nos leva a perceber uma psicogeografia do jogo.

Ao jogar, quando temos sinais do comportamento humano, o jogo se dá, em seu "território", pela expressão da totalidade de diversos elementos coexistentes, em uma possibilidade de, no mesmo instante, tudo acontecer e estabelecer relações e conexões. Jogar é jogar com o outro, que vivencia o mesmo espaço delimitado pelas regras e pela geografia do jogo – o lugar onde o jogo vale, o seu território. Esses episódios que coexistem têm o caráter de composição de um campo dinâmico, em constante movimento de mudanças e ajustes, no qual cada parte depende de uma inter-relação com as demais. Ao passar a bola para alguém, os outros participantes se ajustam para atacar ou defender. Ao superar um oponente, quem tem a posse de bola se prepara para outras investidas, que podem ser um passe ou uma finalização. Ou seja, há um movimentar-se constante, que tende para o equilíbrio dinâmico, constantemente quebrado pela ação dos jogadores ou pelos percursos do objeto em jogo – a bola –, tida como elemento que se destaca de outro plano. O jogo gira em torno dela, que contém em si o desafio do jogar. No entanto, continua sempre presente o entendimento do jogo como um pano de fundo, com seu campo, suas regras. Os comportamentos da pessoa que joga e que se movimenta no espaço de jogo não dependem somente do passado ou do futuro, mas do campo dinâmico – no momento atual e presente a cada instante – repleto

---

17. David L. Gallahue, "Movement education", em: Bruce A. McClenaghan; David L. Gallahue, *Fundamental movement: a developmental and remedial approach*, Filadélfia: W. B. Saunders, 1978.

de fatores que intervêm no desempenho dos participantes. Esse campo dinâmico – tomado como o espaço de vida que contém a pessoa e a expressão de sua totalidade – configura a psicogeografia do jogar.

Sobre movimento humano e humanidade

Como dizem Venâncio e Costa, se quisermos compreender o movimento humano, é preciso considerar a dimensão do humano[18]. O homem em movimento instaura um ato dotado de complexidade, que expressa sua humanidade. Tal expressão atribui significado às coisas e incorpora a realidade objetiva e externa à realidade subjetiva e interna. Ato, consciência e ambiente formam uma unidade indivisível, existencial, e dão lugar para o homem no mundo, o que lhe confere um sentido de existência. O homem em movimento torna-se um fenômeno irredutível, isso é, que não pode ser decomposto em elementos mais simples, porque a análise das "partes" (que supostamente comporiam o fenômeno) nos desvia da compreensão deste, e tal desvio levaria à perda, ao desaparecimento do fenômeno. Ou seja, o fenômeno do homem em movimento se expressa em sua totalidade e integralidade pautado pela singular condição de humanidade.

O raciocínio exteriorizado

Pensando pela visão, pelo tato e pela manipulação de materiais, em um contexto de expressão de habilidades – manifestando externamente suas tramas cognitivas em um objeto da realidade externa –, temos, *grosso modo*, o escultor que "pensa" com a argila, o pintor que pensa com as tintas e pincéis, o atleta que pensa com a bola nos pés ou nas mãos, o músico que pensa com as notas, sons e teclas ou o matemático que pensa com números.

---

18. Silvia Venâncio; Elaine Melo de Brito Costa, *op. cit.*

Manifesto na realidade externa, o raciocínio exteriorizado exibe várias vantagens em relação ao raciocínio que se dá apenas internamente. A pessoa envolve-se sensorialmente com materiais concretos, o que oferece percepções e sensações para o raciocínio. Pensar enquanto se está em contato com um objeto concreto torna possíveis achados e descobertas surpreendentes, pequenas luzes na experiência vivida. Trazer a experiência para a dimensão dos sentidos de visão, audição etc., unidos pela cinestesia[19], envolve a perspectiva do instante, do estar presente no aqui e no agora, e também a perspectiva de movimento.

Perceber-se em movimento pela ação do pensamento, em conduta de manifestar externamente uma trama cognitiva, oferece um quadro para a observação crítica, assim como uma forma que pode ser vista e que pode ser vivenciada com outros, ou mesmo uma forma coletivamente produzida. Como afirma Robert McKim, em seu livro *Experiences in visual thinking,* aprender com o corpo está na contramão das maneiras clássicas de aprender, em que os processos interiorizados de raciocínio sobrepõem-se às estratégias que envolvem os sistemas sensoriais, ou de raciocínio exteriorizado[20], inibindo-as. O mundo contemporâneo oferece um número menor de oportunidades para a aprendizagem vivencial e participativa, e isso pode levar as pessoas a se motivarem menos ao passar por experiências que priorizam processos passivos e de muita abstração. As atividades físicas e esportivas, em seu sentido mais amplo – envolvendo os aspectos físicos, mentais, sociais, emocionais e espirituais[21] –, oferecem mais do que as tarefas em si. Trabalhar com a pessoa em possibilidades multifacetadas, de maneira profunda, pode tornar as atividades de aprendizagem mais motivadoras, estimulantes e passíveis de associações positivas e nutridoras em sua apreensão.Gardner, ao fazer uma breve

---

19. Segundo o dicionário Houaiss: "Sentido da percepção de movimento, peso, resistência e posição do corpo, provocado por estímulos do próprio organismo". Antônio Houaiss; Mauro de Salles Villar, Dicionário Houaiss da língua portuguesa, Rio de Janeiro: Objetiva, 2009, p. 467.
20. Robert McKim, *Experiences in visual thinking, apud* Howard Gardner, *op. cit.*, 1994.
21. David Gallahue; John Ozmun, *Understanding motor development: infants, children, adolescents, adults,* Nova York: McGraw-Hill, 2001.Ed. bras.: Compreendendo o desenvolvimento motor: bebês, crianças, adolescentes e adultos, São Paulo: Phorte, 2003.

reflexão sobre isso, cita Edward T. Hall: "O homem ocidental criou o caos ao negar aquela parte de si que integra a experiência enquanto venera as partes que a fragmentam"[22].

O jogo possível

Como estratégia para ensinar jogos esportivos coletivos, Roberto Paes apresenta o "jogo possível"[23]. Destaca que tal vivência pedagógica pode oferecer aos alunos – de acordo com suas possibilidades materiais (locais de aprendizagem) e as competências e habilidades desenvolvidas pelo aprendiz – a experiência da aprendizagem de habilidades e fundamentos básicos das modalidades coletivas. Esse tipo de prática pedagógica permite adequações que se referem ao espaço físico, ao material a ser utilizado e à aplicação de regras, o que possibilita a participação e o envolvimento de um grande número de alunos. É tida como uma prática que integra as pessoas na atividade e lhes dá a oportunidade não só de vivenciar a técnica, mas também de conhecer e compreender a lógica do jogo coletivo, ao buscar um equilíbrio entre a cooperação e a competição, e ao ampliar a possibilidade dos alunos de aprenderem novos movimentos e também ao acentuar o aspecto lúdico da prática. Paes toma esse procedimento das vivências do jogo coletivo como um facilitador para o resgate da cultura infantil[24].

Proveniente do âmbito da teoria da Gestalt[25], um dos princípios que fundamentam essa atividade é o global funcional, caracterizado por adequar a complexidade do jogo esportivo coletivo (técnica, regras, conceitos e estratégias táticas, entre outros elementos) à faixa etária do aprendiz – e condizente com sua capacidade técnica –, através da vivência de jogos possíveis.

---

22. Edward T. Hall, *Beyond Culture*, apud Howard Gardner, *op. cit.*, 1994.
23. Roberto Rodrigues Paes, *Educação física escolar: o esporte como conteúdo pedagógico do Ensino Fundamental*, Canoas, RS: Editora da Ulbra, 2001.
24. *Idem, ibidem.*
25. Teoria da psicologia, baseada na percepção do fenômeno físico pelo sujeito.

desafiadoras de acordo com seus recursos, ajudada pelo fato de ser o contexto formado por relações humanas positivas, favoráveis à valorização pessoal, em ambiente desprovido de ameaças à concepção que o sujeito tem de si. Desta maneira, partimos do pressuposto de que todos são dotados de todas as inteligências, ou seja, as pessoas nascem com o potencial de todas as inteligências. Nessa concepção não existem "dons" para determinadas habilidades. As inteligências estão potencialmente presentes, à espera de estímulos que provoquem seu desenvolvimento. No ambiente das atividades físico-esportivas, o agente pedagógico torna-se o organizador das possibilidades desafiadoras das inteligências múltiplas.

Em uma atividade, a resolução de um problema pode se dar por inteligências diferentes, que podem ser estimuladas ao mesmo tempo

Nas atividades físicas e esportivas, as pessoas podem usar diferentes inteligências para resolver as situações-problema ou desafios que aí se apresentam. Lembramos que, em uma resolução de problemas, pode haver a predominância de uma inteligência sobre outras. Exemplificando: quando participam de um jogo esportivo coletivo e existe a necessidade de movimentar-se com inteligência pelos espaços e dar conta de situações e necessidades que o jogo cria, alguns podem resolver determinadas questões preferindo usar a inteligência espacial, ao enxergar o problema mediante a visualização do espaço, exercitando a imaginação criativa para encontrar as possibilidades de deslocamento. Outros podem utilizar a inteligência lógico-matemática, quando se servem de regras de ação e de seus princípios para as possíveis movimentações. Outra possibilidade é utilizar a inteligência interpessoal, quando se solicita a ajuda e a interação com companheiros para provocar deslocamentos sincronizados em equipe. E podemos considerar também as múltiplas possibilidades de combinações de inteligências para buscar a expressão de soluções. Para resolver os problemas ou compor um processo criativo, diversas inteligências podem atuar ao mesmo tempo. Exemplificando, uma pessoa, quando joga, pode utilizar as inteligências cinestésico-corporal, espacial, interpessoal, intrapessoal ou lógico-matemática nos diversos movimentos provocados pela ação de jogar. Ou seja, escolhe os movimentos mais adequados para cada exigência do jogo, visualiza possibilidades de ações pelos espaços possíveis respeitando as movimentações de outros companheiros, vale-se de recursos pessoais para encorajar-se a agir, e, ao tentar atingir os objetivos de ter a posse de bola ou tentar recuperá-la, respeita os princípios de movimentação coletiva pelo espaço de jogo.

As experiências nos domínios das inteligências adquirem um significado que pode provocar aproximação ou afastamento daquele domínio de inteligência

As experiências cristalizadoras são pontos culminantes e críticos do desenvolvimento dos talentos e habilidades de uma pessoa. Segundo Gardner, ocorrem geralmente na infância. São como uma "faísca" que liga uma inteligência e inicia seu desenvolvimento de maneira significativa, em direção de uma maturidade ou desempenho prévio ainda não determinados. Há também a possibilidade de ser gerado outro conjunto de significados, devido a experiências malsucedidas, associadas ao medo, à vergonha, à raiva, ou a sentimentos de culpa, com resultados paralisantes. Essas experiências impeditivas podem afastar a pessoa de situações em que esse padrão se repita, privando-a de estimular e desenvolver as competências e habilidades adequadas para enfrentar esse tipo de tarefa ou problema.

A situação-problema: estratégia pedagógica no estímulo às inteligências múltiplas

Uma situação-problema altera o momento, lança as ações para uma nova direção, para uma meta antes desconhecida, fazendo surgir um desafio. Pode ser construída por intervenções concretas, verbalizadas, ou por objetivos que significam a superação de uma tarefa. O problema demanda raciocínio e a consequente tomada de decisão para enfrentá-lo. Entende-se que a realização do que foi pedido mobiliza recursos cognitivos nos limites do espaço, do tempo, e dos objetos concretos ou abstratos utilizados.

A aprendizagem se dá na superação do obstáculo proposto para a realização da tarefa[26]. A resolução de um obstáculo previamente identificado caracteriza uma situação-problema. Tal situação deve oferecer um contexto de resistência suficiente para que o aprendiz invista seu potencial de inteligência a fim de solucionar o problema, que deve ser compreendido como dentro do alcance das múltiplas competências do aprendiz; enfim, deve-se oferecer um obstáculo que estimule uma aprendizagem, como aponta Meirieu[27]. Na construção de uma situação-problema, é fundamental saber para quem está sendo proposta a atividade, qual é o objetivo da proposição e o que se quer comunicar com isso. É importante destacar que deve referir-se a um conteúdo específico ou a uma área de conhecimento, tal como a pessoa em movimento. Na pedagogia das atividades físicas e esportivas, podemos promover a vivência de representações sobre o corpo em movimento e – pelo incremento de regras de ação, de tarefas específicas ou mesmo de situações marcadas pela imprevisibilidade e pela aleatoriedade – provocar o desequilíbrio que dá continuidade ao jogar etc.

---

26. Lino de Macedo, "A questão da inteligência: todos podem aprender?", em: Marta K. de Oliveira; Teresa C. Rego; Denise T. R. Souza (orgs.), *Psicologia, educação e as temáticas da vida contemporânea*, São Paulo: Moderna, 2002, pp. 117-134.

27. Philippe Meirieu, *op. cit.*, 1998.

O ambiente inteligente

O sujeito, dotado do potencial de inteligências, movimenta-se, joga e aprende nos ambientes organizados pela pedagogia do esporte e da atividade física. Nessas atividades desafiadoras – de jogos, danças, lutas, competições, exercícios –, o indivíduo exercita sua compreensão em um ambiente organizado pedagogicamente, que tem como referência o estímulo das inteligências múltiplas, e que, com a motivação necessária para solucionar as situações-problema propostas, deve atingir o nível de interesse da pessoa pela atividade. Ambientes que geram alegria nos aprendizados podem contribuir para a aceitação das atividades e a melhor assimilação dos estímulos oferecidos. O ambiente inteligente compõe-se do lugar físico e da dinâmica que seus componentes geram, de acordo com as proposições estimuladoras, em atividades elaboradas pelos técnicos e professores, tomadas como desafiadoras dos potenciais de inteligência, a serem resolvidas com ações individuais e de grupos organizados, mediante relações interpessoais de seus participantes. Estes ambientes vão desenhar-se de maneira mais potente e objetiva por intermédio de sua integração aos procedimentos pedagógicos desafiadores. Afirmamos, assim, a possibilidade de aprofundar e ampliar os limites da aprendizagem e da vivência do estar no mundo por meio do exercício de perguntas e respostas, do jogo e do movimento. O uso desse conjunto de procedimentos expande as possibilidades de resolução de problemas e de criação de novos modelos inteligentes de resolução, por meio não só da compreensão e da linguagem, mas também do movimento. Na pedagogia do esporte e da atividade física, essa maneira de proceder não oferece respostas "exatas", mas enriquece as informações e os modelos de compreensão já existentes.

As oportunidades desafiadoras contidas nas atividades físicas e esportivas constituem, assim, um estímulo criativo para aprendizagem em diversos níveis, nos diversos domínios das inteligências. As oportunidades aí tornam-se múltiplas e podem ser incrementadas pela atuação do técnico ou do professor, quando este intervém tendo como alvo desafiar os aprendizes com estratégias e procedimentos pedagógicos que valorizem o processamento de recursos cognitivos provocados pela necessidade de resolução de problemas ou do exercício de seu potencial criativo.

O jogo e as situações-problema como estratégia pedagógica

Tomado como situação-problema, o jogo desafia o aprendiz e leva-o a motivar-se para atingir novos pontos de superação que vão além da tarefa em si. São pontos relativos à satisfação de superar as questões que envolvem a técnica, o controle do objeto do jogo, as novas movimentações pelo espaço e a vitória sobre o tempo desses movimentos. Ou, entre outras coisas mais, mesmo sobre a estética e a criação de novos movimentos, o convívio com outros e o prazer que isso provoca, a realização de tarefas coletivas, o aprendizado de novas ações coletivas bem-sucedidas, os novos significados para as vitórias e as novas ações para intenções que não foram atingidas. A motivação provocada por jogar e movimentar-se ultrapassa a questão da tarefa, e o desafio leva a uma superação na dimensão da totalidade humana. Jogar nos lança a constantes impasses e dúvidas: "E agora? O que fazer?" E exige consequentes tomadas de decisão. Diante de uma situação de jogo, a pergunta do jogo é: "O que é melhor fazer aqui?" A resposta é provocada pela necessidade de uma tomada de decisão, e o jogador escolhe um rumo de ação. Com esse simples conjunto de estratégias, pretende-se estimular ações – dos aprendizes e dos competidores – que envolvem competências múltiplas, sejam essas relativas a movimentações estratégicas, agregadas a valores humanos, ou à expressão de comportamentos.

O transporte desse conjunto de procedimentos para o nível cognitivo provoca a formação de estratégias de ação, de tomada de decisão, de análise dos resultados obtidos e do acúmulo de experiências bem-sucedidas, além de propiciar a análise dos resultados indesejados, e também o contato com o perder e o ganhar, e, ainda, a revisão de planos e estratégias.

Ao exercitar esses pontos na prática do esporte e da atividade física, o resultado pode mostrar-se sob forma de conflito interno, alterando um conjunto de elementos anteriormente aprendidos e organizados, o que significa um novo aprendizado, indo da ordem e da adaptação de um modelo de funcionamento em torno de um problema para a aparente desordem dos elementos que compõem inicialmente essa compreensão.

Ao aprender algo novo, inicialmente tudo pode parecer confuso, desorganizado, caótico. "O que faço agora?" Provoca-se a necessidade de buscar uma saída, cuja finalidade é trazer uma solução. Essa aparente confusão vai sendo cuidada. O sistema inteligente vai acomodando os elementos que ainda não se apresentam de forma compreensível e novas tramas cognitivas são elaboradas. O problema está sendo resolvido dentro das capacidades do sujeito ao jogar, em sintonia com suas possibilidades. A partir do contato com os elementos desafiadores que interrompem a quietude de seu estado acomodado e adaptado a certo conjunto de condições externas e internas, a pessoa funciona para a auto-organização interna e tem os recursos de que necessita para ajustar-se às novas condições do ambiente (seja a realidade interna seja a externa). Surgem os conflitos internos sobre esse jogar, na medida em que o funcionamento da pessoa ainda não é adequado para o que ela deseja. E os pontos de superação se alojam aí.

Atingir novos níveis de aprendizagem pressupõe a reorganização de uma rede de aprendizados anteriores

Tendo em conta o fenômeno da adaptação – a *busca da constante organização dinâmica e funcional de um organismo qualquer, diante de exigências e estímulos que desorganizam sua estabilidade* –, podemos projetar sua dinâmica funcional aplicada, seja a um microssistema – uma célula, por exemplo – ou a um macrossistema – o sujeito em sua complexidade física, mental, social, emocional, espiritual –, seja a um sistema social em que sujeitos interagem (como o é uma equipe, ao praticar um jogo esportivo coletivo).

Tomemos como referência a organização inicial de qualquer um desses exemplos anteriores. Quando existe uma situação-problema, há uma alteração da organização dinâmica funcional da pessoa, desde os seus processos orgânicos – como nos exercícios de corrida em uma pista de atletismo, ou na rua, ou em uma aula de ginástica que vise melhorar capacidades físicas e habilidades motoras – até seus processos cognitivos, como nos jogos que envolvem as constantes tomadas de decisão expressas por perguntas instantâneas dos jogadores: "O que fazer agora?" "Passar a bola?", "Lançar para a cesta?", "Chutar para o gol?". Estando presentes a situação-problema e seu enfrentamento, tem-se um conflito.

É no conflito que se instaura a interrupção do equilíbrio que, dinamicamente, vai provocar a busca por novos níveis de adaptação ao contexto em questão. A partir de dúvidas, a pessoa vai tentar elaborar outras soluções mais atraentes para si. Uma vez provocada a desorganização de um aprendizado, é necessária uma solução, e essa talvez não pertença a um padrão conhecido em relação ao contexto que se apresenta. Nesse instante, surge a oportunidade, caracterizada como fenômeno pedagógico. E, após um processo interno de natureza cognitiva (que conta com a reorganização de elementos referentes a experiências anteriores), há uma auto-organização do sistema, e das respostas a serem dadas na situação-problema. Após a tomada de decisão (produto das competências referentes ao domínio das inteligências em questão), o próprio processo cognitivo provoca novas tramas de compreensão, expressas em comportamentos.

A ação pedagógica transcende o método

Pôr em prática procedimentos pedagógicos implica reconhecer os relacionamentos interpessoais expressos entre o professor ou técnico e seu aprendiz, o aluno. O ambiente pedagógico – em que pessoas em movimento buscam experiências interessantes e motivadoras em ações conjuntas e organizadas em direção a um aprendizado – ultrapassa a previsibilidade dos acontecimentos. Essas experiências e seus sujeitos se organizam em combinações imprevisíveis, ao interagirem as compreensões de mundo de cada um dos participantes. Trabalhar com programas de atividades que sejam orientados pela previsibilidade vai minimizar a possibilidade de estímulo das inteligências múltiplas. Em contraponto, a elaboração de situações regidas pela imprevisibilidade marca a problematização de situações em outro nível de relacionamento pedagógico entre o professor e o aprendiz, em que diferentes vias de acesso às inteligências múltiplas podem ser experimentadas e vivenciadas.

Referências

Balbino, Hermes Ferreira. *Jogos desportivos coletivos e as inteligências múltiplas*. Hortolândia: Unasp, 2007.

CAMPBELL, Linda; CAMPBELL, Bruce ; DICKINSON, Dee. *Ensino e aprendizagem por meio das inteligências múltiplas*. 2ª ed. Porto Alegre: Artes Médicas Sul, 2000.

FREIRE [da Silva], João B. *O jogo*: entre o riso e o choro. Campinas: Autores Associados, 2002.

___. *Iniciação esportiva: esporte escolar*, Brasília: Centro de Educação à Distância da Universidade de Brasília, 2005.

___; SCAGLIA, Alcides José. *Educação como prática corporal*. São Paulo: Scipione, 2003.

GALLAHUE, David L. "Movement education". Em: MCCLENAGHAN, B.A. ; GALLAHUE, David L. *Fundamental movement: a developmental and remedial approach*. Filadélfia: W. B. Saunders, 1978.

___. *Understanding motor development: infants, children, adolescents, adults*. Nova York: McGraw-Hill, 2001. [Ed. bras.: *Compreendendo o desenvolvimento motor: bebês, crianças, adolescentes e adultos*. São Paulo: Phorte, 2003.]

GARDNER, Howard. *Estruturas da mente: a teoria das inteligências múltiplas*. Porto Alegre: Artes Médicas, 1994.

HUIZINGA, Johan. *Homo ludens*: o jogo como elemento da cultura. São Paulo: Perspectiva, 2000.

LENK, Maria. *Natação olímpica*. Rio de Janeiro: Americana, 1974.

MACEDO, Lino. "A questão da inteligência: todos podem aprender?" Em: OLIVEIRA, Marta K. de; REGO, Teresa C.; SOUZA, Denise T. R. (orgs.). *Psicologia, educação e as temáticas da vida contemporânea*. São Paulo: Moderna, 2002, pp. 117-134.

MACEDO, Lino; PETTY, Ana Lúcia S.; PASSOS, Norimar C. *Aprender com jogos e situações-problema*. Porto Alegre: Artes Médicas Sul, 2000.

MEIRIEU, Philippe. *Aprender... sim, mas como*. Porto Alegre: Artes Médicas, 1998.

PAES, Roberto R. *Educação física escolar: o esporte como conteúdo pedagógico do Ensino Fundamental*. Tese (Doutorado em Educação). Campinas: Faculdade de Educação da Universidade de Campinas, 1996.

___ . *Educação física escolar: o esporte como conteúdo pedagógico do Ensino Fundamental*. Canoas, RS: Editora da Ulbra, 2001.

PAES, Roberto R.; BALBINO, Hermes F. (orgs.). *Pedagogia do esporte: contextos e perspectivas*. Rio de Janeiro: Guanabara Koogan, 2005.

PATERNOST, Verónica. "O jogo da linguagem". Em: VENÂNCIO, Silvia; FREIRE, João. B. (orgs.). *O jogo dentro e fora da escola*. Campinas, São Paulo: Autores Associados, 2005 pp. 173-187.

TELLEGEN, Therese Amelie. *Gestalt e grupos: uma perspectiva sistêmica*. São Paulo: Summus, 1984.

VENÂNCIO, Silvia; COSTA, Elaine M. Brito. "O movimento humano e o brincar". Em: VENÂNCIO, Silvia; FREIRE, João Batista (orgs.). *O jogo: dentro e fora da escola*. Campinas: Autores Associados, 2005, pp. 27-36.

2. A experiência do Sesc Verão 2009

Hermes Ferreira Balbino

As instalações e os ambientes inteligentes

Para muitos, o Sesc Verão 2009 ofereceu oportunidade de entrar em contato pela primeira vez com a temática das inteligências múltiplas. Para essa oportunidade, primeira ou não, diversas unidades do Sesc SP escolheram, como estratégia de apresentação, a montagem de instalações não só com tarefas desafiadoras na experiência do movimento humano, mas também que remetessem a uma das ideias centrais da teoria, que repetimos aqui: todos são dotados de todas as inteligências e podem manifestá-las em diferentes graus de habilidade. Na elaboração dos processos e nos formatos das instalações, foram utilizadas as ideias de Gardner.

A teoria de Gardner sugere que a inteligência pode ser estimulada através de interações – seja com outras pessoas, com diversos materiais ou instrumentos – que fazem o sujeito pensar a solução de algum problema. Essa prática permite enriquecer pensamentos e, a partir de uma abstração e formação de conceitos, produzir uma solução. Ao ser tratado via experimentação vivencial do aprendiz, um conceito se apresenta de modo mais vivo, e seu significado se torna importante. Para elucidar-se um conceito e o aprendiz se tornar consciente dele através dos sentidos, é fundamental a vivência dos problemas numa ordem prática, em vez de simplesmente fazê-lo por meio da imitação de modelos de outros, mesmo que não queira participar ativamente da tarefa ou ser um especialista naquela atividade. Para um pedagogo, articular uma teoria, ouvir falar dela, ler tal teoria e não vivenciá-la, é como promover um conhecimento subtraído de sentido. Prática e teoria integradas mostram-se necessárias em um processo de ensino, vivência e aprendizagem.

Para exemplificar essa afirmativa, nos valemos do conjunto de atividades oferecidas nos programas do Sesc Verão 2009, cuja temática foi fundamentada na teoria das inteligências múltiplas, buscando ultrapassar o mero contato visual ou uma simples leitura sobre a questão do corpo em movimento quando associada aos estímulos das múltiplas inteligências. Para os mediadores das práticas, é motivação central elaborar atividades em que as pessoas possam participar intensamente, experimentando a vivência dentro de uma instalação.

Aprender por meio dessa integração oferece o sentimento de estar dentro do ambiente real de aprendizagem, dentro de um campo de domínio, e ter consciência dessa percepção corporal. Explorar a experiência da percepção corporal significa convidar os observadores à participação física em instalações onde a proposta temática pode ser experimentada, vivida.

Tal percepção – que não é apenas visual, mas também corporal – ultrapassa a observação e inclui a palavra, o processo, o corpo. Envolve de forma ampla a ideia da expressão. A partir da participação ativa do observador já integrado à instalação, os objetos manipuláveis aproximam a pessoa do fenômeno vivencial e, dessa maneira, lhe dão vida. Integradas ao ambiente repleto de desafios e significados, as pessoas se movimentam; e, nas instalações, além de olhar e interagir com o que está exposto, as pessoas penetram no ambiente e o recriam constantemente. Os que participam dessas atividades fundem-se com os elementos desafiadores e tornam-se parte do desafio, seja ao comparar seu desempenho com o desempenho de outros ou ao interagir com aqueles que já passaram por essas situações-problema e encontraram soluções.

A Caverna das Inteligências e a Caverna do Gelo, ou espaços que lembravam os contornos de um cérebro, ou ainda de um neurônio estilizado (como a mascote de uma das unidades do Sesc), foram alguns dos ambientes criados e concebidos com base na teoria e inspiraram os ambientes inteligentes de diversas unidades. Aqui, mostramos o desenvolvimento dos temas e das instalações, para que possam ser vistos em toda a sua amplitude não só o empreendimento dos grupos gestores, mas também diversos componentes desses ambientes. As produções coletivas de ambientes são fruto da exteriorização de pensamentos dos educadores do Sesc, como é o caso na manifestação de suas interações em um exercício interpessoal, guiado pela linguagem espacial e lógica da imaginação e da criatividade.

Para as pessoas que entram em contato com múltiplas experiências, esse tipo de programa de atividades voltado para a educação por meio dos movimentos corporais tem implicações significativas, pois passam a perceber-se de maneira multifacetada, com a diversidade de competências e habilidades consideradas na perspectiva da teoria de Gardner. Tais exercícios se tornam interessantes tanto para as pessoas que participam das experiências promovidas nas instalações quanto para os professores e organizadores, de maneira tal que todos demonstram motivação para investigar a si mesmos e outras pessoas com quem podem interagir, além da possibilidade de encontrar, nas vivências desses ambientes, a sugestão de um mundo mais diversificado de oportunidades.

As instalações elaboradas representam ambientes construídos para atividades engendradas com base na teoria de Gardner. O fundamento básico dessa elaboração é oferecer aos visitantes a possibilidade de entender o que as inteligências acarretam e as diferentes maneiras como são vivenciadas e utilizadas na vida cotidiana. No caso do Sesc Verão, os principais objetivos das instalações foram apresentar o tema *movimento humano*, incentivar a prática de atividades físicas e esportivas e transmitir isso de forma clara aos usuários das unidades. Utilizada ao conceber esse tipo de instalação, a perspectiva das inteligências múltiplas constitui uma estratégia valiosa em seu propósito de estimular as pessoas a participar, com um entendimento ampliado, das atividades físicas, esportivas e culturais promovidas nas unidades Sesc

Nas instalações também é possível aos usuários ultrapassar o simples contato com a experiência oferecida pelas tarefas desafiadoras e, assim, poder compor um mapa do perfil dos domínios das inteligências em que seu desempenho mais se manifesta – ou seja, até que ponto conseguem, nos diferentes domínios, cumprir com facilidade os diferentes desafios. Tanto os ambientes como o conjunto de atividades foram moldados de maneira a oferecer situações dificultadas por algum elemento desafiador, mas sem deixar de lado a possibilidade concreta de que as tarefas pudessem de fato ser executadas, proporcionando prazer e alegria.

Além disso, as instalações oferecem ao participante uma oportunidade singular para refletir sobre sua inteligência intrapessoal. Ao aceitar os desafios contidos nos ambientes, qual é a probabilidade de resolver as situações-problema propostas? Vai precisar de coragem para enfrentar as tarefas estimuladoras das diversas inteligências? De que habilidades dispõe para participar dos jogos e tarefas? Como pode desenvolver novas habilidades para participar dos desafios?

Nesse enfrentamento, é necessário integrar prática e teoria em um processo de ensino, vivência e aprendizagem. Aprender por meio dessa integração, como já foi dito, transmite um sentimento de pertencer ao ambiente de aprendizagem (um campo de domínio) e estar consciente do que seu corpo percebe. Convidar os observadores à participação vivencial em instalações cuja temática pode ser experimentada, vivida, significa explorar esse mergulho na experiência da percepção corporal.

Essa percepção não é apenas visual, mas sensorial, corporal, ultrapassando a observação e incluindo a palavra, o processo, a expressão da pessoa por meio do corpo em movimento, e também a interação com outros objetos manipuláveis, estimulando a participação ativa do observador, que, já integrado à instalação, dá vida a ela. As pessoas se movem ativamente dentro de um ambiente criado com o propósito de estimular diferentes tipos de percepção. Nas instalações, além de olhar o que está exposto, as pessoas penetram no ambiente e o recriam constantemente.

Diversas outras atividades físicas e esportivas foram programadas, como jogos coletivos, corridas, maratonas de natação, caminhadas e mutirões ecológicos. Todas as atividades das instalações estão relacionadas com a teoria das inteligências múltiplas, e partem do princípio de que as pessoas se divertem enquanto aprendem sobre si mesmas. Um dos objetivos do programa de atividades do Sesc Verão 2009 foi que as pessoas se movimentassem e, na esteira dos movimentos, se percebessem mais inteligentes.

Os diferentes conteúdos das experiências oferecidas nas instalações podem ser encarados como um conjunto de aprendizagens: a explicação inicial – feita no local da atividade por meio de um pequeno texto introdutório –, a vivência das tarefas desafiadoras, e, na retomada dos desafios vivenciados, a interação com outros participantes e com os gestores da atividade, ao comparar e discutir os temas relacionados com as inteligências e suas diversas e relativas habilidades. Esses ambientes se mostraram interessantes para usuários e gestores, pelo poder de conscientizar os participantes sobre a variedade de suas competências, capacidades e habilidades. As instalações possibilitaram que as pessoas adquirissem conhecimento sobre suas capacidades, fossem lendo, ouvindo instruções, assistindo a filmes e ouvindo temas sonoros, fossem participando fisicamente de tarefas com o corpo em movimento, envolvendo-se em experiências sensoriais e solucionando problemas, sozinhas ou em grupo, em um *setting* integrado de aprendizagem.

Relatos da experiência: perguntas, comentários teóricos e depoimentos

Foram coletados relatos das atividades, em entrevistas com gestores do Sesc responsáveis pela organização dos programas de atividades em diversas unidades do Sesc São Paulo. A experiência construída e vivida no programa de atividades mostra seu valor, tendo em conta os pressupostos da teoria das inteligências múltiplas, para evidenciar a manifestação das diversas inteligências na execução de uma tarefa ou na resolução de uma situação-problema. Inicialmente, os relatos respondem à proposição central dos procedimentos pedagógicos dos programas de atividades do Sesc Verão 2009, que é o de estimular as inteligências múltiplas através de situações-problema, isto é, situações desafiadoras às competências e habilidades das pessoas.

As principais questões surgidas durante as reflexões sobre a teoria e sua aplicação prática – com a consequente tradução no programa do Sesc Verão 2009 – apontavam questionamentos sobre como seria possível, para o Sesc, oferecer um espaço em que as pessoas pudessem vivenciar experiências pedagógicas que envolvessem percepções sensoriais de maneira mais atenta e desafiadora. E, ainda, como seria possível construir um ambiente de aprendizagem em que emoções fossem mobilizadas com a finalidade de tornar mais profunda e desafiadora a experiência do movimento humano. Uma solução encontrada foi a de envolver a completude da experiência sensorial do participante, com destaque para o deixar-se surpreender pelos conteúdos, ao experimentar elementos da natureza de forma mais atenta e inusitada.

Nesse intenso jogo de perguntas e respostas, que, desde o seu início, foi o desenvolvimento do Programa Sesc Verão 2009, muitas ideias se concretizaram como atividades. Durante o desenho do que ainda era tomado como um projeto do Sesc Verão e da sua programação, foram feitas muitas perguntas. E as questões centrais foram respondidas com a realização do programa. Esse é o formato que será reproduzido aqui.

Destacamos que os gestores escolhidos para as entrevistas representam o grupo de técnicos das unidades que formaram a equipe responsável pelas programações. Da mesma maneira, esses técnicos dão sentido à identidade da Instituição Sesc ao expressar – nestes relatos que se referem ao Sesc Verão 2009 – seus princípios, por meio de atividades promovidas e realizadas nas unidades. Diante disso, as falas (em itálico) são atribuídas ao grupo de técnicos, sem identificações individuais.

A teoria e a prática

Como traduzir a teoria das inteligências múltiplas para o público frequentador?

Montamos um espaço direcionado às percepções sensoriais de olfato, de tato. Eram vários potes escuros coloridos, mas você não enxergava o conteúdo deles. Havia perfumes diversos, espaços onde você ficava olhando e tinha a sensação de que as figuras se mexiam como se fossem em três dimensões. Como essas caixas escuras em que você enfia a mão sem saber o que tem dentro, e tenta descobrir o que é através do tato.

Como expressamos nossos pensamentos? Como evidenciamos a maneira que vemos o mundo?

A teoria de Gardner trabalha com um conceito interessante, que é o de usar as inteligências para resolver problemas na vida real. Resolver problemas em equipe e validar o conjunto de competências e habilidades de cada componente do grupo é como lidar com a possibilidade de ter várias inteligências à disposição de uma pessoa para encontrar soluções de situações desafiadoras do dia a dia e estar no controle do uso dessa estratégia. As vivências de situações que contêm diversos domínios de inteligência nos levam a representar, neste tipo de desafio, a habilidade para estar em situações de imprevisibilidade e responder de forma adequada. Os estímulos dominantes que foram organizados na ambientação podem levar a pessoa a vivenciar os estímulos de inteligência, ao oferecer atividades em sequência imprevisível, já que existe aqui um sentido de imprevisibilidade em torno da sequência de tarefas.

Na proposta foi montado um labirinto, chamado Otniribal, onde uma das inteligências já podia ser utilizada a partir do nome, que nada mais é do que a palavra "labirinto" ao contrário. Ele foi estruturado como se fossem várias colmeias, cada uma contemplando uma ou mais inteligências. Mas essa proposta não era tão explícita para o público. O participante descobria isso por meio de textos, pegadinhas, charadas, jogos, brincadeiras, movimentos de espelhos, com os quais podia fazer conexões com o tema.

Como desenvolver um aprendizado sobre as experiências de resolver problemas, em um ambiente alegre e divertido? Cabem às brincadeiras tornar isso possível? Aprender com alegria facilita o aprendizado? Como construir o suporte de um ambiente favorável e viver assim uma relação empática com o aprendiz?

Como já expresso nas conclusões do quarto capítulo, aqui se evidenciaram procedimentos e possibilidades visando proporcionar ao aluno o ensino, a vivência e a aprendizagem socioesportiva. Nesse contexto, ratificou-se a importância de considerar a imprevisibilidade, a criatividade e a complexidade do jogo, e, ainda, destacar a necessidade de lançar novos olhares acerca da atividade esportiva. Portanto, propõe-se como facilitador dos processos em discussão o jogo possível. Podem-se destacar alguns aspectos relevantes que justificam tal opção: lúdico, técnico, físico, tático, filosófico, psicológico, cognitivo, afetivo e social, presentes nos jogos e nas brincadeiras.

No segundo andar, fizemos um espaço para crianças, que foi chamado Caverna das Inteligências. Dentro dele contemplamos todas as inteligências. E colocamos explicações sucintas pra criançada entender um pouco o que era, tentando usar a linguagem deles. Então a gente colocou explicações em cada uma das brincadeiras: Olha! Aqui você está trabalhando sua inteligência cinestésica, que faz isso, isso e isso. Ali, você vai estar trabalhando a sua inteligência natural, que faz isso, isso e isso. Então, assim, de forma lúdica, as crianças entenderam um pouco o que era essa questão das inteligências múltiplas.

O equilíbrio corporal estimula qual tipo de inteligência?

Muitos dirão que é a inteligência corporal-cinestésica. E é possível estimular outras também, pois levar a atenção para o entendimento que o corpo faz sobre sua posição no espaço faz com que a pessoa entre em contato com seus medos, e possa também vivenciar seus recursos internos para ajustar uma resposta que a mantenha equilibrada. O corpo se relaciona com o imprevisível.

Também trabalhamos com a instalação de uma artista plástica, em que ela fez um piso todo em desnível. Conforme se pisava, o seu próprio corpo fazia você se deslocar de alguma maneira, mesmo se estando parado. Só de pisar na instalação, o seu corpo já se desequilibrava.

Os jogos e as atividades físicas e esportivas no âmbito da cultura corporal: uma mistura de linguagens

Como descobrir a forma preferida de aprender? Como entender as vias mais adequadas de oferecer às pessoas o conhecimento sobre algum tema?

Os participantes das programações puderam compreender o que acarreta vivenciar as diferentes inteligências em uma mesma atividade, ou como elas são usadas no cotidiano a partir do reconhecimento daquela habilidade em tarefas diárias comuns. De certa forma, participar das atividades traz consigo a possibilidade de entrar em contato com a transmissão da ciência de forma clara e direta.

A programação do Sesc Verão nas cidades contou com jogos-desafios que consistiam na confecção dos jogos Tangram e Mankala. As crianças confeccionavam esses jogos e os levavam para casa, para continuar jogando e multiplicar o que elas tinham aprendido ali.

Havia ainda jogos e brincadeiras para a criançada. Havia também uma área de descanso e uma área de jogos. Tinha os jogos de mesa, os jogos de estratégia e raciocínio, e os jogos de tabuleiro. Os tabuleiros eram gigantes, e ficavam em pé. Um deles era de batalha naval. Eram diversas atividades, e as crianças não brincavam sozinhas, podiam brincar com os pais, podiam brincar com os avós, com outras crianças. Enquanto as crianças brincavam num espaço, o pai brincava com a mãe em outro. A *construção desse espaço era muito rica, porque estimulava a participação coletiva.*

Outra atividade que também ganhou bastante força no final do Sesc Verão foi o enduro a pé, que valoriza a orientação espacial e o raciocínio matemático, pois é preciso fazer contas para saber quantos passos você dá pra chegar em determinado lugar.

A programação do Sesc verão nas cidades contou com basquete de rua, *skate*, intervenções musicais, minigolfe, *le parcours.*

O contato com a natureza também foi valorizado, pois deu-se em um parque lá em Piracicaba, além da relação entre as pessoas, porque ninguém ficava sozinho – eram atividades em grupo, então você tinha relações intrapessoais e interpessoais nesse grupo.

Os grupos se confraternizavam, e ao final todo mundo saía feliz dessa atividade. Foi lá que a gente lançou também o Clube da Caminhada. Então, a partir desse evento, quinzenalmente, tem um grupo de pessoas que faz uma caminhada, seja no Sesc seja em parques da cidade. O professor do Sesc, fica esperando o grupo, marca um horário, o grupo chega, faz um alongamento, convida as pessoas que estão próximas a fazer o alongamento e também a caminhar juntos.

Qual tipo de atividade estimula os sentidos, proporciona uma atividade desafiadora e prática e é repleta de significados e de *insights*, que ocorre cinestesicamente? Como fazer para que a mente grave bem o que o corpo vivencia?

Quanto mais se sabe sobre aprendizagem, mais se entende que aprender com o corpo em movimento é de grande importância para os processos de aprendizagem. Jogar é vivenciar o aprendizado de maneira complexa, em que muitas inteligências estão atuando integralmente.

A partir de uma ideia, surgiu o Circuito Sesc de Corrida, pois as pessoas começaram a caminhar e depois alguns queriam correr. Então o professor ofereceu essa possibilidade. Haveria um evento do Circuito Sesc de Corrida em Rio Preto, na semana olímpica. Isso aconteceu em julho. Montamos um grupo de pessoas interessadas e fomos a Rio Preto para participar tanto da caminhada quanto da corrida do dia olímpico na cidade. Esses foram alguns dos legados deixados pelo Sesc Verão 2009 que continuam até hoje, e isso foi uma experiência bastante rica, bastante interessante.

Tivemos uma atividade muito interessante, que foi o arrastão do rio Piracicaba. Foi montada uma programação pensando no meio ambiente, no respeito para com a natureza, no relacionamento da pessoa com o rio, na importância do rio pra cidade, pra população. Em Piracicaba existe uma história, uma lenda que diz que no rio Piracicaba tem um deus, e esse deus é que dá vida ao rio. Um artista se fantasiou de Deus do Rio e colocou dentro da fantasia muita garrafa PET, muito lixo e plástico. Ele falava um texto, e dizia que estava muito triste com o rio, com as pessoas, porque ele estava morrendo. As crianças se sensibilizavam muito com isso e entendiam a necessidade de cuidar do lixo que se produz.

Aos domingos de manhã, às 9h30, mantivemos a programação criada no Sesc Verão, as aulas de lian-gong ou de tai-chi, ou de outras práticas ligadas ao movimento mais lento, ao despertar. Hoje isso se transformou numa programação chamada Manhã Ativa: sempre tem um alongamento, uma aula de ioga, uma aula de tai-chi... E a origem disso foi o Sesc Verão.

E tem também o corpo virtual, em que trabalhamos com essa questão das tecnologias. Às vezes as pessoas dizem: "Ah! A tecnologia tira um pouco essa questão do seu corpo, porque você não faz tanto movimento, fica mais acomodado". E começamos a discutir, dizendo que não, que tem muitas coisas tecnológicas que, além de fazerem você mexer o corpo, estimulam o raciocínio. A tecnologia está mexendo com as inteligências.

Quando a gente fez esse esboço, vimos que o projeto contemplava todas as inteligências. Então decidimos trabalhar com os seguintes espaços da unidade: a Convivência, que é bem na entrada da unidade, onde colocamos a parte virtual e um pouco do contemporâneo. Nesse espaço a gente trabalhou com aqueles jogos de videogame Wii [Nintendo®], em que se tem um movimento físico e também o raciocínio, é preciso pensar a jogada.

Qual é o valor da contribuição da teoria das inteligências múltiplas para a comunidade pedagógica? Tal valor se constitui a partir de seu uso real na vida cotidiana tanto de aprendizes como dos professores e técnicos?

Para compreender os problemas da vida real, podemos transferir os elementos desses problemas para o ambiente de jogos, de modalidades esportivas ou de atividade física. As pessoas que estão nestes ambientes de atividades podem usar a mente para percorrer internamente os desafios e o corpo todo para expressar as respostas.

Trabalhamos com o corpo cotidiano, que são noções, jogos, brincadeiras que fazemos dia a dia, e às vezes não percebemos que por trás disso existem várias inteligências – elas estão lá, e a gente não sabe.

A programação do Sesc Verão nas cidades contou com skate, intervenções musicais, minigolfe, le parcours *e outras ações que enriqueceram a programação, como o esporte de aventura.*

Numa atividade de basquete haveria também música e dança. Nós levamos a dança, a música, a atividade esportiva ao Parque do Povo, que é um espaço aberto lá em Presidente Prudente, pra que as pessoas que estivessem passando aproveitassem a programação.

Mesmo quem não gosta de skate poderia ver uma clínica, poderia ter um primeiro contato com esse esporte. Quem nunca tivesse assistido a uma apresentação de dança poderia ter contato com a dança também. Pensamos em misturar mesmo as linguagens.

O Grupo Virtual, de dança, também estava lá, e tudo aconteceu no mesmo dia, no mesmo espaço além da parede de escalada, ou seja, esportes alternativos também faziam parte da programação. Procuramos trazer atividades como basquete de rua e futebol de rua, e o grafite, que tem essa linguagem urbana.

Também aconteceu um circuito de aventura com o pessoal do Exército, com quem fazemos algumas parcerias, chamado Segundo Bil. Eles montam circuitos de arborismo e de aventura que também têm tudo a ver com as inteligências múltiplas. Houve uma tentativa de relacioná-los a essa atividade.

Em que os jogos e atividades físicas são especialmente importantes nesse tipo de ensino-aprendizagem?

Muitas surpresas podem ocorrer nestes campos de jogos e atividades físicas, pois aprendizes que não aprendem muito bem por meios voltados para o pensamento lógico e para a expressão verbal de ideias e pensamentos mostram-se muito mais receptivos à compreensão pela via corporal-cinestésica.

Também fazendo parte das manifestações das inteligências no âmbito urbano, tinha música, DJ, batalha de b-boys, que é uma batalha em que as pessoas se desafiam na dança.

Organizamos um conjunto de atividades chamada de Diversifique, com o floorball, o bumerangue, e o sepaktakraw, que aconteceu na abertura. É possível imaginar que talvez uma pessoa tenha se interessado em ir porque sabia que ia ter uma apresentação de dança de rua, e a partir disso [...] pôde ter o contato com floorball, e com outras atividades.

Também foram realizadas algumas técnicas de relaxamento, aulas de massagem e shiatsu. Além disso, durante as aulas do programa de educação corporal, os professores e instrutores de atividades físicas sempre traziam mensagens em relação ao Sesc Verão.

Em uma atividade organizamos o revezamento de natação no mar. Para essa atividade, foram formadas equipes de quatro atletas, ou melhor, quatro participantes, todos com idades a partir de 12 anos. Uma das regras era que em cada grupo deveria haver obrigatoriamente uma mulher, independentemente da categoria. O número máximo de equipes permitido era 50, ou seja, um total de 200 participantes. Eles receberam toquinhas de quatro cores diferentes que diziam respeito à ordem da natação. A largada era obrigatoriamente feita pelas mulheres. Elas nadavam 400 metros até entrarem na área de transição, onde passavam para o segundo grupo. Era um revezamento mesmo, só que no mar.

A diferença em relação ao revezamento feito em piscinas é que quando ocorria a primeira troca, os três de cada equipe que estavam esperando na área de transição se deslocavam, saíam da área de transição. Então pensei em um modo de resolver esse problema. No ano seguinte montamos um quebra-cabeça que valia ponto para competição. Os três que estavam na areia esperando os que estavam nadando tinham de montar um quebra-cabeça. Deu tão certo que o pessoal começou a treinar quebra-cabeça. Em 2009, com o tema das inteligências múltiplas, trabalhamos com os três atletas que estavam na área de transição. Eles tinham de montar um quebra-cabeça de 300 peças, resolver um problema de sudoku – aquele jogo numérico –, um caça-palavras e um jogo de trilha. Eram quatro tarefas, e cada atividade completada valia um determinado ponto. A ordem de chegada da natação também pontuava. Isso cria um clima de descontração absoluta no revezamento. Um clima de brincadeira, de irreverência que gerava muito mais uma confraternização pela atividade física e pelo bem-estar do que uma competição na qual o importante é saber quem vai ganhar. Essa prova está se tornando tradicional. E em 2010 ocorreu novamente, com algumas mudanças em relação à transição. É interessante perceber que essa foi uma atividade que teve total relação com o trabalho das inteligências múltiplas. Para agregar valores, foram realizadas ainda algumas campanhas de conscientização sobre o lixo na praia durante o revezamento.

As clínicas e as histórias pessoais

Como desenvolver e estimular o autoconhecimento dos aprendizes? Como validar significativas histórias de vida a ponto de torná-las uma referência para que outros também percorram uma trajetória bem-sucedida em algum domínio das capacidades humanas?

A experiência de vida pode ser um dos pilares para o desenvolvimento das inteligências intra e interpessoal, que se desenvolvem ao longo do tempo. Ao jogar ou participar de uma atividade físico esportiva, o aprendiz expressa-se intensamente a partir do que é, sendo o comportamento observado somente uma faceta de seu ser integral.

Além do glamour da programação, também tivemos a preocupação de conceituar a teoria para o nosso público. Convidamos o professor Celso Antunes, também uma sumidade na teoria das inteligências múltiplas.
Pensamos em fazer duas palestras com pessoas que tivessem cotidianamente que desenvolver as inteligências, principalmente em termos profissionais. Essa é a parte legal, porque a pessoa tem que conhecer as inteligências, perceber e aproveitar suas dificuldades, de modo a transformá-las em algo benéfico.
Levamos o Marcos Pontes, o astronauta brasileiro, e o André Azevedo, piloto de rali. Pensamos nesses nomes até por causa do histórico de vida deles, porque percebemos que eles tiveram que permear diversas inteligências tanto para fazer a viagem ao espaço quanto para atravessar o deserto. Na palestra com o Marcos Pontes, ele fez um relato muito interessante. Promovemos

a palestra numa tarde do mês de fevereiro. Havia cerca de 700 alunos de ensino médio. Durante uma hora e meia ele conversou com aquelas 700 pessoas, e todos ficaram atentos ao que ele falava, apesar do calor que fazia. Sempre que há algum espetáculo ou show musical, nós fazemos em uma tenda coberta por uma lona de circo. Então, imaginem o calor que fazia naquela tenda. E, mesmo assim, todos ficaram profundamente atentos à palestra do astronauta. Até então, não sabíamos se ele conseguiria fazer todo aquele público perceber a questão das inteligências. Mas o retorno foi ideal. Ele conseguiu passar a mensagem.

No caso do piloto André Azevedo, queríamos passar para o público a questão de como ele usou aquelas inteligências para atravessar o deserto. Fizemos a palestra em outro espaço onde cabiam 100 pessoas, mas havia 110. Também tivemos a preocupação de passar a parte teórica, e, a partir do entendimento disso, as pessoas poderiam buscar soluções e alternativas para desenvolverem suas inteligências. Elas estão em nós, só precisamos buscá-las, pois muitas vezes elas não estão desenvolvidas, não são estimuladas.

Como cultivar o autoconhecimento e obter um melhor desempenho na vida?

Provocar oportunidades para nutrir o conhecimento de si mesmo dá fundamentos para que a pessoa seja bem-sucedida e caminhe rumo à realização na vida. Gardner afirma que as pessoas podem desenvolver-se com os outros, pois é através desses relacionamentos que a pessoa conhece o seu "Eu". Uma maneira que permite as pessoas a entrar em contato com suas próprias motivações pessoais é através de atividades que promovem o acesso a histórias e exemplos de pessoas que, a partir de seus sonhos, realizam o que sua missão pessoal pede.

Hermes Ferreira Balbino e Lars Grael[1] estavam presentes no Encontro das inteligências múltiplas, o primeiro falando sobre a adaptação desse processo nas práticas esportivas, e o segundo contando como foi se adaptar após o acidente. E o bacana dessa história – se é que podemos dizer assim – é que o Lars conseguiu se adaptar a um esporte que já praticava. Mas como foi o desenvolvimento dessa nova consciência corporal que ele teve de adquirir e na qual teve de acreditar? E como foi trabalhar todas as suas inteligências para ficar do jeito que está hoje? Ele relatou tudo no evento, e aquilo foi fantástico!

Nos jogos de futebol de areia, tivemos a presença do atleta Júnior Negão. Ele participou do futebol de mesa e do futebol de rua, e também interveio em outras modalidades.

Convidamos uma série de campeões em modalidades de esportes de inverno. Chamamos os melhores atletas do Brasil: o campeão brasileiro de snowboard*; a campeã brasileira de esqui. Todos eles treinam fora do Brasil boa parte do ano.*
Na programação, o público teve oportunidade de descer a rampa de snowboard *com o campeão, tirar fotos, pedir autógrafos. Foi maravilhoso. Contamos com o apoio da Confederação Brasileira de Desportos de Neve, cujo dirigente fez uma palestra. Era algo que eles sempre quiseram fazer e nós conseguimos – evidenciar esportes de inverno até então inusitados, ainda mais em pleno verão. Além da programação diferenciada, também tivemos a preocupação de conceituar a teoria para o nosso público.*

Levamos um grupo de meninas pra dar oficina de skate *e a atleta Karen Jones, que tem se destacado nesse cenário.*

---

1. Lars Schmidt Grael é velejador. Além de duas medalhas de bronze, em Seoul 1988 e Atlanta 1996, ele ainda foi penta-campeão sul americano, dez vezes campeão brasileiro e campeão das tradicionais Semanas de Vela, como em Kiel, na Alemanha. Representou o Brasil nos Jogos Olímpicos de Los Angeles, em 1984 (7º lugar) e Barcelona 1992 (8º lugar). Em 1998, o esportista sofreu um grave acidente e teve a perna direita decepada pela hélice de uma embarcação durante uma regata em Vitória, no Espírito Santo. Atualmente, Lars compete nas classes Star e Oceano, sempre conquistando títulos e se destacando nas raias. [N. E.]

Atividades culturais com o tema Homem em Movimento

Como podemos construir atividades para estimular o ritmo na execução de movimentos corporais e associar a prática da atividade física e esportiva à música? Como podemos valorizar a transmissão da cultura através da música em ambientes de aprendizagem corporal-cinestésica? Como desenvolver estratégias que vão além dos modos verbais e que usam as habilidades de observar, visualizar, imaginar? Como integrar a arte com as diversas possibilidades de estímulos às inteligências oferecidas em um ambiente de vivência da cultura corporal?

As práticas que são planejadas com especialistas de diversas áreas do conhecimento da cultura corporal podem fazer com que os aprendizes se beneficiem dos processos artísticos que envolvem resolução de problemas, autoexpressão e criatividade. O produto final, percebido através do movimento humano, contém em si a complexidade da inteligência que soluciona problemas e expressa novas possibilidades de combinações que ainda estavam por ser testadas.

Sempre existe na programação uma atividade teatral dialogando com o esporte, a música que dialoga também com o esporte ou que passa por várias linguagens.

Na unidade, trabalhamos ainda com aulas temáticas e abertas de dança e de "sensações e sabores das frutas". Outro destaque foi o Alimente Sua Mente, que abordava o entendimento sobre o uso adequado dos alimentos que podem proporcionar uma melhora da saúde cerebral. Qual a função de cada alimento? A beterraba estimula tal parte etc. Assim, além da grande adesão do público, as intervenções artísticas passaram pelos espaços, fazendo dinâmicas e comunicando a mensagem do Sesc Verão.

Criamos um material de mediação com a explicação das inteligências. O objetivo dessa ideia era potencializar as iniciativas na unidade e nas ações comunitárias. Esse informativo foi distribuído para as pessoas, tanto na unidade como nas ações externas. Ele trazia bastante informação sobre a teoria das inteligências, para que essa ação fosse multiplicada e não ficasse só no espaço onde os eventos ocorreram. Dessa maneira, os relatos desses desafios foram divulgados por aí de uma forma bastante lúdica.

É importante lembrar que a programação do Sesc Verão 2009 apresentou a relação das inteligências múltiplas tanto com as atividades físico-esportivas quanto com as atividades culturais. Houve espaço para dança, teatro infantil, o Internet Livre etc. Pela programação, é possível perceber que as ações foram pensadas em conjunto, embora esse tema esteja inicialmente mais ligado aos esportes.

Também fizemos o corpo contemporâneo, que é toda essa questão da arte, das novas modalidades. Tudo aquilo que é contemporâneo e que também está lá no seu corpo afeta as suas inteligências de alguma forma, está contribuindo com o todo.

Fizemos ainda uma exposição fotográfica com um fotógrafo chamado Leonardo Crescenti, em que ele expôs pedaços de corpos que não permitiam identificar se eram homens ou mulheres, o que resultou num trabalho bem contemporâneo.

Penso que o fato de todas as áreas da programação terem se envolvido no Sesc Verão 2009 foi o que fez o evento ficar tão rico. Isso foi uma demanda do núcleo físico-esportivo, porque durante o Sesc Verão não conseguimos, como um único núcleo, fazer tudo. Englobamos toda a programação, trabalhamos com espetáculos de dança no Teatro Anchieta, trabalhamos com a Internet Livre, programamos palestras voltadas para a educação e para a saúde. Procuramos ter um pezinho em cada núcleo da unidade. Então precisamos da ajuda de todo mundo pra fazer uma coisa grande como queríamos.

Tinha um vídeo que produzimos pensando em envolver os espaços não só do Sesc Piracicaba, mas mostrar para quem vinha que Piracicaba e a região tinham outros espaços que possibilitavam práticas e os estímulos das inteligências múltiplas. Eram espaços onde se pratica skate, patins, *onde se praticam esportes radicais, capoeira, atividades como lian-gong e tai-chi, em praças públicas, lugares onde são estimuladas caminhadas, corridas. E havia esse vídeo que contemplava quase todos os espaços abertos da cidade onde as pessoas podiam ser estimuladas a uma prática de atividade física pensando nas inteligências múltiplas, estimulando as mesmas.*

3. Apontamentos e lições aprendidas

Hermes Ferreira Balbino

Conceber ambientes inteligentes a partir da pedagogia das inteligências múltiplas

Podemos compreender que é possível conceber "ambientes inteligentes" e apresentar desafios que sejam motivadores para a solução de problemas na perspectiva das inteligências múltiplas. Ultrapassando a questão individual, a inteligência se multiplica através da interação com outras pessoas, da participação em tarefas que sejam desafiadoras e interessantes, dentro das possibilidades de cada um de pensar, elaborar novas associações de aprendizado e solucionar problemas. Essa proposição parte da possibilidade de constituir esse ambiente a partir de um conjunto de práticas que envolvem o corpo em movimento e, para fundamentar tal proposição, faz-se necessário um suporte teórico.

No intenso exercício praticado pelas pessoas envolvidas no Sesc Verão 2009, foram sendo construídos e elaborados (pelos professores e técnicos, e também pelos participantes) muitos aprendizados, ao longo da aplicação de atividades. Depois de algum tempo, muitos outros vieram; e outros podem ter vindo com a experiência adquirida na organização de novos programas de atividades para outras promoções do Sesc.

Após o levantamento inicial desses pontos, refletimos aqui sobre os possíveis aprendizados que foram gerados nessa experiência.

Aprender a partir das vivências nos espaços da cultura corporal

Até que ponto podemos criar ambientes inteligentes nos espaços de lazer ou do esporte e da atividade física, como, por exemplo, em uma quadra esportiva? É certo que não percebemos todas as respostas possíveis a essa questão, mas sabemos que nos domínios das inteligências múltiplas, partindo para a vivência dos problemas com materiais, atividades provenientes de jogos de tabuleiro ou de jogos de mesa desafiadores, podemos criar oportunidades de interação das pessoas com elementos do espaço. As pessoas podem agir sozinhas ou em pequenos grupos, em ambientes que sejam estruturados com livros, quadro de avisos, cartazes, *banners*, recursos de mídia ou jogos diversos que signifiquem desafios. Elencamos muitos elementos que podem ser usados como mecanismos de aprendizagem e de resolução de problemas. Os aprendizes podem se organizar também com anotações sobre as experiências montadas com as ambientações. Podemos imaginar que, em um sistema mais amplo de aprendizagem, existe a possibilidade de que esse sistema seja enriquecido com experiências estimulantes e que resultem em aprendizados de múltiplas faces. Vendo o homem como um organismo com várias dimensões (física, emocional, social, mental, espiritual), que se desenvolve continuamente em vários aspectos por toda a vida, podemos organizar ambientes nutridores, educativos, facilitadores, interativos e estimulantemente desafiadores, que provoquem nas pessoas a melhora das capacidades e das habilidades cognitivas passíveis de serem expressas através dos movimentos corporais.

Explorar criativamente os ambientes

Colocamos aqui, como um dos propósitos das programações do Sesc Verão 2009, a visão de que os aprendizes – enquanto passam por experiências que os levem a desenvolver novos conceitos e aprendizados valiosos através de múltiplas estratégias pedagógicas – devem ter oportunidades de exploração criativa que estejam em sintonia com suas capacidades e motivações próprias. Sabemos que nem todas as pessoas se manifestam igualmente a respeito de suas inteligências, nem se motivam da mesma maneira com as mesmas tarefas. Vivemos uma época de intensa comunicação e oferta de entretenimento. As informações são oferecidas em escalas grandiosas, circulam pela vida cotidiana em alta velocidade pelos celulares e pelas mídias eletrônicas, com uma intensidade que há algumas décadas nem se imaginava poder existir. É difícil entrar em contato com tudo e propor-se a percorrer o caminho de uma ampla aprendizagem sem ser tomado por uma significativa questão: o que deve ser aprendido e como deve acontecer essa experiência? Ao oferecer um amplo conjunto de possíveis aprendizados, os interesses dos aprendizes podem compor e orientar a elaboração de atividades.

Formar equipes multidisciplinares para a promoção de ambientes inteligentes

Para incorporar as inteligências nos programas de atividades do Sesc Verão 2009, as equipes se auto-organizaram de diversas maneiras. Quando experimentamos os eventos de aprendizagem sob a concepção das inteligências múltiplas, existe a tendência de desaparecerem as diferenças entre as tarefas[1], permitindo que o pedagogo planeje atividades interdisciplinares. A atuação de profissionais de várias áreas em um mesmo evento ou ambiente pedagógico pode enriquecer o potencial de aprendizagem dos temas escolhidos. Operações numéricas, leitura, música, arte, movimento e trabalho cooperativo podem ser combinados nas vivências temáticas. Na experiência do Sesc Verão 2009, na organização de atividades, algumas unidades se pautaram em equipes de caráter multidisciplinar, nas quais cada membro da equipe representa e identifica uma habilidade diferente com domínio diferente. Arquitetura, com a organização de espaços; arte, com o conceito de ambientação nas instalações; educação física, com o movimento humano – esses são exemplos de domínios integrados em instalações promovidas pelas

---

1. Como afirmam Linda Campbell; Bruce Campbell; Dee Dickinson, *Ensino e aprendizagem por meio das inteligências múltiplas*, 2ª ed., Porto Alegre: Artes Médicas Sul, 2000.

unidades. Ao trabalhar de maneira integrada, os organizadores atuam com recursos que transitam entre os seus campos de conhecimento aplicado.

As equipes organizadoras e os benefícios do trabalho coletivo

Em diversas unidades do Sesc, utilizou-se a estratégia de trabalhar em equipes organizadoras multidisciplinares. Na perspectiva das inteligências múltiplas, essa conduta proporciona muitos benefícios. Quando trabalham juntas, as equipes coordenam atividades, enfrentam desafios imprevisíveis e compartilham eventos marcados pelo sucesso, com plena participação dos aprendizes. O sentido das realizações agregadas das equipes supera o sentido dos esforços solitários para promover tais atividades. O trabalho feito em cooperação afasta a possibilidade de um profissional ficar à margem de um grupo; e os benefícios colhidos pela prática coletiva são compartilhados por todos os que contribuem para a realização da tarefa ou da atividade. Há um diálogo entre a pedagogia do esporte e a atividade física, com a transmissão de valores aprendidos e vivenciados nas práticas. O planejamento e a execução coletivos permitem que os orientadores das atividades tenham oportunidades para refletir junto com os participantes aprendizes e otimizar o que estão ensinando ou vivenciando. Todos têm muito a ganhar com esse procedimento profissional. Os participantes são beneficiados pelas habilidades integradas das equipes gestoras das atividades, e os profissionais podem tomar a posição de responsabilidade pela formação, pela promoção e pelo desenvolvimento profissional de seus parceiros de trabalho nas áreas que dominam. Algumas equipes demonstraram que as atividades que incluem um conjunto de domínios a ser explorado proporcionam maior profundidade e criatividade em seu conteúdo, e tais produções também requerem maior tempo de participação do aprendiz. Pelas reações dos participantes às atividades, os conteúdos oferecidos podem significar uma nova frente nos propósitos que envolvem a programação elaborada para pessoas que frequentam o Sesc. É possível explorar, com os significados de uma vivência mais ampla, atividades clássicas, como jogar futebol, nadar ou participar de jogos de tabuleiro. Os desafios ficaram mais interessantes com a atuação de técnicos e professores orientados de modo a estimular as múltiplas competências dos participantes nesses ambientes. Agora o potencial dessas atividades foi enriquecido pela teoria das inteligências múltiplas. Maratonas de natação, espaços de convivência, jogos de tabuleiro, jogos esportivos coletivos, dança, *shows* musicais assumem outro significado para quem ensina e para quem aprende com a força direcionadora da teoria das inteligências múltiplas.

Proposições para pedagogia do esporte e da atividade física a partir da experiência do Sesc Verão 2009

A experiência de orientar práticas por meio da teoria das inteligências múltiplas de Howard Gardner promoveu aprendizados que, ao longo do processo do Sesc Verão 2009, foram sentidos e notados tanto pelos profissionais como pelos usuários. Algumas implicações vão desde o reconhecimento e o estímulo das inteligências, passando pela organização de atividades que contemplam os diversos domínios, até o desenvolvimento de um programa amplo com tal conceito de inteligência. Apresentada na década de 1980, a teoria causou grande impacto. E, como disse Gardner, parece que, mais que os psicólogos, os pedagogos se encantaram com ela. Reconhecidamente, a teoria fundamenta a construção de atividades, e beneficia a riqueza e a variabilidade de conteúdos, fatores que diretamente otimizam e motivam práticas pedagógicas.

A visão que se tem sobre os aprendizes precisa ser ampliada

Na abordagem relacionada à teoria das inteligências múltiplas, são pontos altos os conceitos que se formam sobre o aprendiz e o modo como ele é encarado quando participa das atividades. Traçamos uma analogia com a questão do QI ou da determinação de graus de inteligência, e caminhamos na contramão dos rótulos que classificam alguns como menos ou mais aptos ou mesmo habilidosos, rompendo com a pressuposição de serem as pessoas determinadas pelos limites dessa antiga ideia de inteligência.

A abordagem de Gardner permite aos técnicos e professores observarem as diversas maneiras como os participantes resolvem os problemas propostos nas tarefas e como se aproximam surpreendentemente das atividades oferecidas. Percorrem muitas vezes o caminho da autoavaliação, e percebem-se capazes de operar em domínios que não foram explorados anteriormente. Os professores e técnicos notaram que o perfil das competências cognitivas das pessoas tem pontos de destaque e outros que ainda não foram desenvolvidos.

É de se notar também que, em seu poder de observação, os agentes pedagógicos devem ter certos limites ao tentar fazê-lo com todo um grupo ao mesmo tempo (somando-se a isso a possibilidade de ter como referência o conceito de inteligência da teoria de Gardner). Podem oferecer oportunidades de vivência e aprendizagem enriquecidas dentro da esfera da cultura corporal e integrar-se à proposição de otimizar as habilidades de observação, como também criar um clima positivo com a finalidade de ter informações sobre os aprendizes, a respeito de habilidades tidas como talentos e, assim, criar uma dinâmica para essas pessoas, com a finalidade de vivenciar inteligências ainda não bem desenvolvidas.

Lembramos aqui um dos propósitos dessa abordagem, que serve à mudança na relação com os aprendizes, na medida em que se deseja tomar outro rumo, diferente daquele que manifesta tendência a intensificar e validar somente a expressão das habilidades preferidas pelas pessoas. Nesta proposição, podemos explorar outras competências que, por não terem sido estimuladas, ficaram "adormecidas", mas ainda podem se desenvolver em um nível satisfatório para que as pessoas as expressem como habilidades.

Para ampliar o potencial das vivências, os técnicos e professores precisam reconhecer-se dentro da abordagem das inteligências múltiplas

Ampliar e aprofundar, a partir da proposição de Gardner, os procedimentos relacionados à pedagogia do esporte e da atividade física significa sermos capazes de nos enxergarmos com a mesma possibilidade e potencial – que está para se expressar – dentro de todas as inteligências.

A partir de considerações sobre pessoas que, na posição de aprendiz, participam de atividades e programações, muito já se escreveu sobre a teoria das inteligências múltiplas. Aos técnicos e professores, no entanto, nessas atividades e programações, couberam apenas o estudo, a organização, o planejamento e a preparação das atividades, mas não um estudo específico sobre a sua posição aí. Ensinar um jogo a partir de procedimentos enriquecidos pela diversidade de competências latentes, buscar no ato de jogar ou na atividade a expressão de uma ou várias inteligências remete a uma situação que leva o professor ou técnico a encontrar e reconhecer também em si a capacidade de aprender em diferentes possibilidades, de ter diversas percepções, e de manifestar seu potencial cognitivo. Para professores e técnicos, é interessante desenvolver suas inteligências latentes ao fazer tal trabalho. Essa condição pode promover a sintonia nos diversos domínios das inteligências, com capacidades e habilidades latentes do aprendiz. Esse exercício leva todos os que participam desse tipo de atividade ao desenvolvimento e ampliação dos modos como resolvem os problemas do ambiente.

Oferecer a possibilidade concreta de incrementar as atividades com a teoria das inteligências múltiplas

O desenvolvimento da aplicação prática da pedagogia da atividade física e esportiva demanda não só permanente diálogo entre os participantes do processo, mas também o oferecimento de oportunidades de desenvolvimento dentro da abordagem, e, ainda, a expansão do círculo dos que possam agregar-se à responsabilidade pelo processo. De maneira pontual, técnicos e professores precisam de suporte e estrutura para incrementar a prática pedagógica, o que, para muitos, pode significar alterar o embasamento de seus procedimentos. Diante das falas dos entrevistados, consideram-se, como formas de oferecer suporte e apoiar tal mudança:

- Promover a organização de grupos de estudo e o incentivo à leitura da bibliografia específica, seja de Gardner, seja dos que aplicaram sua teoria em diversos âmbitos pedagógicos;
- Organizar oficinas de determinadas inteligências, em que algum técnico ou professor tenha muita habilidade para elaborar e conduzir as práticas;
- Integrar profissionais especializados em diferentes domínios – arte, leitura, dança, música, atividades com instrumentos musicais etc. –, com a finalidade de sugerir e apoiar atividades organizadas e oferecidas nas programações;
- Incentivar, nas participações de profissionais especialistas dentro dos campos específicos de atividades – como os atletas e pessoas de destaque em alguma atividade artística ou profissional –, a transmissão dos diferentes modos como percebem a atividade a comunicar. Esse tipo de orientação pode vir a expressar a maneira diferenciada (de perceber e de fazer algo) que os tornou destaques e especialistas em um campo de ação;
- Promover encontros entre profissionais de diferentes unidades que utilizam a abordagem das inteligências múltiplas para identificar como os técnicos e professores do Sesc estão

222 | Inteligências múltiplas

trabalhando com os fundamentos da teoria de Gardner no planejamento e na organização das programações.

A expansão e a expressão do potencial de repertórios

Muitos dos professores entrevistados deram sinais e evidências de que valeu a pena participar do desafio de trabalhar com a abordagem das inteligências múltiplas na pedagogia que envolve a cultura corporal, e alguns manifestaram benefícios em seus procedimentos com as inteligências múltiplas. Alguns trazem, para a lista dos benefícios, a estrutura teórica e sua significativa importância como referencial para a elaboração das atividades, culminando com uma linguagem comum a ser compartilhada com um grupo responsável pelas atividades. Outros dizem que a teoria confirma a importância de uma prática que já era organizada e oferecida, reconhecendo o valor de sua atuação ou levantando a possibilidade de ensinar de maneira diversificada e criativa, como desejavam, porém ainda sem as denominações que a teoria oferece. Outros, ainda, apontaram para vazios pedagógicos até então desconhecidos, e que, a partir da compreensão das inteligências, é possível percebê-los e tomar contato com seus desafios iniciais. Muitos relataram a satisfação de reconhecer, na expressão dos aprendizes, os diversos potenciais que cada um deles carrega consigo, apontados na teoria das inteligências múltiplas.

Oferecer oportunidades para a vivência de competências e habilidades diferentes

Durante as atividades desenvolvidas no Sesc Verão 2009, os participantes tiveram a oportunidade de descobrir áreas de diferentes potencialidades. Consideramos aqui que, após o contato com uma competência que até então estava latente, aguardando um estímulo para sua expressão, eles podem vir a participar de atividades que despertem seu autêntico interesse. Participar motivado pela alegria de aprender pode ativar a persistência e o esforço que o domínio da tarefa exige, bem como a criatividade. Por outro lado, passar por um programa de atividades sem grande motivação pode levar a pessoa a perder o interesse em aprender o esporte ou em participar de atividades físico-esportivas sem objetivos definidos, ou pode levá-la, até, a abandonar esses ambientes de aprendizagem.

Como estimular os vínculos entre os aprendizes, suas competências e habilidades e seus interesses?

Nos relatos das experiências dos técnicos e professores, percebemos que não existe um método padrão ou uma técnica ideal para constituir uma abordagem totalmente integrada à teoria das inteligências múltiplas. Existe um conjunto de procedimentos que pode levar a isso. Acreditamos que, assim, um dos momentos iniciais é reconhecer que, nas tarefas clássicas de um ambiente da pedagogia do esporte, e da atividade física, existem elementos pertencentes à abordagem das inteligências múltiplas. A existência de situações-problema leva a constantes exigências de soluções rápidas e eficientes para poder jogar. A eficiência se refere à continuidade do jogo ou da atividade. Dessa maneira, a pessoa que participa dos desafios pode sentir-se motivada a continuar com suas ações devido às relações que cria nos movimentos de perguntas e respostas constantes, lançadas pelas regras do jogo ou das atividades. Outros domínios ativados – como a imaginação e a criatividade (que cabem na orientação espacial), e as estratégias para relacionamentos interpessoais – são básicos para oferecer possibilidades de deslocamento e uso do corpo de maneira inteligente, para atender às exigências das atividades. Entender as explicações, seja ouvindo ou lendo informações sobre as possibilidades que a atividade oferece, está dentro de outra dimensão de exploração do ensino-aprendizagem pela abordagem das inteligências múltiplas.

O desenvolvimento e a evolução da prática profissional

No Sesc Verão 2009, a experiência com a teoria das inteligências múltiplas trouxe a alguns professores e técnicos um progresso em relação à aplicação da teoria na prática. Vividas por eles, em muitas ocasiões as experiências se mostraram norteadas por desafios semelhantes. Desde o contato com a teoria e o entendimento de como aplicá-la objetivamente, muitos obstáculos promoveram a busca de soluções – que podem ser tomadas como exemplos de uso adequado da teoria. Nos procedimentos que envolveram reuniões com profissionais de multidisciplinas, ou mesmo no trato com os especialistas em educação física ao organizar as atividades, as habilidades interpessoais direcionaram as discussões temáticas, que se alternavam em domínios da orientação espacial, da pessoa e seus movimentos, do uso da música nas atividades e em textos promotores do entendimento das programações e das propostas de atividades. Uma vez atingido um entendimento central sobre a teoria (e o modo como cada área poderia dar sua contribuição para promover a integração dos conhecimentos), a concretização das deliberações resultou em atividades, programações e concepções de instalações com reconhecido poder criativo. O tempo de adaptação à abordagem das inteligências múltiplas foi curto e exigiu de todos os envolvidos empenho e dedicação, além do trato com uma nova maneira de promover atividades pedagógicas: o exercício constante da elaboração de novos desafios, novas situações-problemas. Talvez para muitos, mesmo depois de encerradas as programações com a abordagem das inteligências múltiplas, tenha continuado o diálogo com a teoria de Gardner, tornando comum a exploração e a criação de atividades orientadas pelos fundamentos dos oito diferentes domínios. Pode ser que tenham tido a experiência de verificar, desenvolvendo-se dentro de si, as habilidades relacionadas às inteligências e tenham se motivado para enfrentar novos desafios na exploração mais ampla e profunda das inteligências latentes. Para alguns, o aspecto profissional tomou outro significado, pois deixaram o papel de organizadores e passaram à posição de facilitadores e motivadores, pela tendência natural de promover a autoestima dos participantes das atividades que os fundamentos da abordagem oferecem.

Considerações finais

Hermes Ferreira Balbino

Um caminhar metodológico para elaborar programações de atividades

A partir da proposição do tema para o Sesc Verão 2009, as equipes gestoras puderam vivenciar a manifestação das inteligências múltiplas em diversos âmbitos. Para muitos gestores – ao enfrentar o desafio de tomar contato com a teoria, identificar habilidades intrapessoais para exercer o espírito investigativo, e operar criativamente os principais pontos da teoria –, o destaque foram as inteligências pessoais de cada um. A inteligência verbal-linguística (em sua expressão ao ler, falar, ouvir e escrever) permeou a transmissão dos conhecimentos adquiridos nas consultas à literatura sobre o tema. Ao operar criativamente na invenção e elaboração dos programas e atividades, muitos exercitaram as inteligências espacial e lógico-matemática.

Diante da tarefa de organização e planejamento das atividades do Sesc Verão (que foi comum a todas as unidades do Sesc), notou-se um padrão de elementos que, na busca de excelência na prática de uma pedagogia da cultura corporal, foram repetidos. Muitas equipes eram multidisciplinares, outras contavam somente com os profissionais de educação física e de modalidades esportivas. De maneira geral, como início, as equipes buscaram executar a pesquisa do tema em literatura acadêmica pertinente ao assunto, e promover a leitura e estudo dos textos. Em outro passo, realizaram-se encontros para discutir as leituras e formular as questões básicas que envolviam o seu entendimento, encontrando o que era compreensível a todos e fazendo também o levantamento das dúvidas. O conhecimento do tema se formou esquematicamente, pelo que já se dava como entendido.

Após esse levantamento inicial do que já era tido como conhecimento concreto sobre a teoria, elucidou-se as dúvidas. Aqui, apareceu a figura do consultor, especialista na teoria, que forneceu suporte para os pontos duvidosos e ajudou na montagem dos princípios para a organização dos programas – conhecimento que foi integrado aos princípios institucionais do Sesc na organização e no oferecimento das atividades.

No passo seguinte, discutiu-se a percepção de todos a respeito do tema e teve início a parte criativa. Coube a um líder o exercício de integrar diferentes pontos de vista, que resultaram na programação de atividades elaborada em sintonia com a temática proposta. Para muitos, trabalhar com projetos nessa dimensão fez com que um grande número de profissionais de diferentes áreas se mobilizasse para realizar tais produções.

Ao concluir esta publicação, queremos voltar a atenção para uma série de resultados que expressam objetivos traçados ao idealizar o programa de atividades para o Sesc Verão 2009, com o tema "Exercite suas inteligências". Acreditamos que, ao estimular o movimento corporal potencial dos frequentadores das unidades, o programa atingiu seus objetivos. O alto número de participantes – cerca de 1,8 milhão de pessoas – durante o período das atividades e sua intensa participação nas práticas esportivas e atividades físicas demonstra o sucesso do intento. Acreditamos que foram provocadas muitas relações interpessoais novas, resultando em novas amizades desenvolvidas a partir da convivência nos campos das atividades.

Em observações feitas durante as programações, notou-se a sensibilização das pessoas quanto à importância e aos benefícios da prática da atividade física e do esporte. Nelas, houve muitos retornos positivos em relação aos temas desenvolvidos, manifestados de maneiras diversas pelos participantes, indo desde comentários instantâneos até a divulgação, no âmbito de familiares e amigos, das programações. Em seu transcorrer, pelos comportamentos durante as atividades práticas, os técnicos e professores puderam observar a expressão corporal dos alunos e do público, a demonstrar seu potencial psicomotor. Como fundamento adotamos a diversificação (pelo estímulo das diversas inteligências) em um contexto cultural corporal do movimento. Ao serem oferecidas atividades no campo da cultura esportiva e da atividade física, tanto a elaboração como a prática de jogos e atividades evidenciaram a preservação de conteúdos e valores, sempre na perspectiva da construção do autoconhecimento e da autonomia, através da criatividade e da liberdade de expressar as competências cognitivas do corpo em movimento.

Outros ganhos vieram. Dentro das reflexões sobre uma concepção de homem na pedagogia do esporte e das atividades corporais, foi perguntado: Como vemos e percebemos as pessoas que participam das programações? Um modo ampliado dessa percepção surgiu a partir das possibilidades que a teoria das inteligências múltiplas nos oferecia.

Tratar de maneira adequada as diversas possibilidades e implicações de aplicação da teoria das inteligências múltiplas no ambiente da cultura corporal nos obriga a considerar os aprendizes em seu múltiplo potencial de capacidades e habilidades. Podemos educar por meio das atividades corporais e de suas habilidades básicas, estimulando as novas possibilidades de exploração do ambiente. A questão da competição pode, e deve, merecer um novo significado, como aponta Marco Paulo Stigger em seu texto[1], fundamentado na visão de um mundo globalizado que oferece grandes oportunidades de promover o entendimento ético de uma competição. Talvez o sentido de competir ofereça um "tempero" necessário e saudável. A diversidade de práticas pedagógicas desenvolvidas, ao explorar uma grande extensão das capacidades humanas, permitiu que muitos dos participantes tivessem contato com nuances de um talento que ainda não tinham experimentado. Crianças e adultos tiveram a oportunidade de passar por experiências diversificadas e entrar em contato com potencialidades até então desconhecidas. Em um quadro ampliado, é possível considerar que muitos podem beneficiar-se de tal situação.

Com a vivência deste processo chamado Sesc Verão – exercite suas inteligências, entendemos que as práticas esportivas e de

---

1. Ver capítulo 5, neste livro: "Sbre a diversidade do esporte... é preciso ter um 'temperozinho".

atividades físicas possivelmente tenham tomado outro sentido, de maneira a contemplar uma perspectiva evolutiva da compreensão das habilidades humanas, com a visão da teoria das inteligências múltiplas, como Vilma Nista-Piccolo aponta, de maneira aprofundada, no texto sobre a questão da inteligência[2]. A partir disto, ampliamos o foco voltado para a elaboração de tarefas, que se tornam mais interessantes e diversificadas. É de se esperar que tal processo direcione para uma abordagem que atinja os processos de compreensão, dentro das tarefas e atividades. Isso significa que o processo pedagógico do esporte e da atividade física pode avançar para a mobilização cognitiva de maneira intencional, a ser construída pelo técnico ou professor em participação conjunta com o aprendiz.

Em publicação de 1995, ao abordar a teoria das inteligências múltiplas na prática, Gardner faz uma projeção para o ano de 2013 – ano em que se dá o trigésimo aniversário de publicação de *Estruturas da mente* – expondo suas projeções especulativas sobre a teoria. Naquele momento, mostra sua esperança quanto à razoabilidade da ideia das inteligências múltiplas ser mais consistente após trinta anos de seu lançamento. Diz Gardner: "As práticas educacionais em função dela também sofrerão mudanças [...] Espero que nos próximos vinte anos sejam feitas muitas tentativas de criar uma educação que leve a sério as inteligências múltiplas".

Ao fazer uma sugestão pontual sobre o desenvolvimento dos programas de formação dos profissionais da Educação, seus apontamentos para o futuro se expandem: "Eu espero que a ideia das inteligências múltiplas se torne parte da formação dos professores".

Em nossa análise, esta afirmativa transmite uma tentativa para elaborar as implicações educacionais que envolvem diferenças entre quem ensina e quem aprende. A sensibilidade às diferentes inteligências ou estilos de aprendizagem pode tornar-se parte dos modelos de compreensão do mundo construídos pelos técnicos ou

---

2. Ver capítulo 2, neste livro: "A teoria das inteligências múltiplas: o que é ser inteligente?".

professores, o que pode resultar na possibilidade de se atingir cada aprendiz de maneira direta e efetiva. Transferimos essas projeções para o contexto atual da pedagogia do esporte e da atividade física, que se expressam nos apontamentos de Alcides José Scaglia, ao desenvolver um pensamento a esse respeito em seu texto[3], quando apresenta as novas tendências da pedagogia do esporte, fruto desse movimento que surge da inquietação dos campos de conhecimento das ciências psicológicas e pedagógicas no campo do ensino de modalidades esportivas.

A ciência social, para Gardner, deve aspirar outros paradigmas, diferentes daqueles que atraem as ciências físicas e biológicas. Para o autor, ela deve integrar-se à possível dinâmica das transformações que – das mais diversificadas maneiras, em infinitas combinações – a experiência subjetiva oferece às pessoas. Em nosso entendimento (e transferindo para o âmbito pedagógico essa proposição), isso significou um dos pontos mais atraentes no desenvolvimento do programa de atividades do Sesc Verão 2009. O intenso período de práticas, entendimentos múltiplos e relevantes resultou em um corpo de conhecimentos que se norteia na produção de uma cultura corporal do movimento caracterizada não por se transformar em um banco de conhecimentos, como algo a ser estereotipado, mas pelas combinações de infinitas possibilidades de experiências dentro do contexto do esporte e da atividade física. Roberto Rodrigues Paes e Hermes Ferreira Balbino desenham estas possibilidades em seu texto[4], elevando as práticas de jogos ao entendimento de um leque de elementos que se combinam de maneira lúdica, imprevisível e aleatória, uma vivência integrada a um contexto de jogo possível.

Embora valorizado em contextos físico-esportivos, o movimento humano carecia de reconhecimento como expressão de uma competência cognitiva, até o surgimento da ideia de Gardner – sobre a habilidade do movimento corporal – lhe atribuir tal competência. Tomando isto como uma inquietação, o conceito de

---

3. Ver capítulo 3, neste livro: "Novas tendências em pedagogia do esporte".
4. Ver capítulo 4, neste livro: "Pedagogia do esporte e as inteligências múltiplas: ensino, vivência e aprendizagem socioesportiva".

inteligência no ambiente do esporte e da atividade física também avança para outro nível de entendimento, que se concretiza em seu processo de aceitação ampliada, em que a inteligência pode ser pluralizada também no âmbito da cultura corporal e satisfazer os anseios de Gardner quanto a aprofundar e ampliar o conceito de inteligência, a partir das possibilidades geradas pelo homem em movimento.

Como – desta possibilidade de representar uma nova abordagem pedagógica via inteligências múltiplas – elevá-la à condição de uma referência consistente nos programas de esporte e atividade física? Quais fatores podem contribuir para sua aplicação produtiva em programações?

Tal transformação requer uma mudança qualitativa no que técnicos e professores fazem. Para provocar o movimento da teoria rumo à sua aplicação prática, é necessária, de início, a formação dentro da teoria, além do planejamento adicional e do domínio de novas estratégias. A partir da experiência do Sesc com as inteligências múltiplas – e com a finalidade de tornar possível a tomada da teoria como um referencial norteador das práticas –, consideramos que:

- Podemos perceber as pessoas de maneira diferente. Nossa percepção dos participantes pode se ampliar quando estamos atuando com o viés das inteligências múltiplas. As pessoas passam a ser tomadas como portadoras de um potencial, com a possibilidade de se desenvolverem nas várias inteligências. As tarefas, os jogos, as dinâmicas serão os meios para que esses potenciais sejam estimulados e possam assim ser desenvolvidos.
- Os técnicos esportivos precisam de tempo para ampliar seus repertórios de conhecimentos aplicados.
- As programações das atividades das unidades Sesc, embora diferentes, mostraram resultados animadores quando as inteligências múltiplas estiveram presentes na elaboração dos programas.

- O processo de reconhecimento das inteligências múltiplas pertence tanto aos participantes como aos organizadores dos programas e atividades.
- Levada aos alunos, pais, professores, técnicos, organizadores e gestores, a informação sobre as inteligências múltiplas deve ter caráter amplo e profundo, pois pode ter implicações diretas em novas tendências e abordagens dentro do contexto da pedagogia do esporte e da atividade física.
- Os gestores das atividades (entendidos como administradores, gerentes, professores e técnicos) devem ser beneficiados por um programa de treinamento preparatório de desenvolvimento e especialização no tema, para que possam incorporar essas estratégias de ensino e aprendizagem, de maneira a enriquecer com domínio e propriedade as programações.
- Diante desta possibilidade de formação dentro da teoria das inteligências múltiplas, os ambientes das instituições formais e não formais que abrigam as atividades físicas e esportivas podem ser adaptados de tal maneira, que possam oferecer soluções (de problemas e de uso da criatividade) que envolvam as inteligências múltiplas. Essa prática pedagógica permite a simplicidade na construção de atividades, pois a tecnologia está na própria teoria.
- Os educadores de esportes e de atividades físicas podem elaborar novas estratégias de ensino e aprendizagem a partir do que já detêm e sabem. Em muitos momentos, os gestores das atividades usaram de suas habilidades interpessoais para organizar coletivamente os programas de atividades, e mostraram-se satisfeitos com os resultados – que envolveram desde a organização das atividades sob a óptica das inteligências múltiplas até a resposta de participação dos usuários e o número de atendimentos realizados. O senso de comprometimento e o compartilhar das ideias e conhecimento se tornaram direcionadores para a elaboração de jogos, tarefas, atividades diversas e a organização dos programas de atividades.

Podemos constatar que a promoção de programação diversificada mediante a abordagem das múltiplas competências humanas enfatizou o oferecimento igualitário da atividade físico-esportiva, e que isso possivelmente tenha relação com a melhora da qualidade de vida e do exercício da cidadania pelos participantes, ao experimentarem, em ambiente comum, diversos desafios em vivência de cooperação e socialização. Para grande parte de técnicos e professores, há o consenso de que a abordagem das inteligências múltiplas na pedagogia do esporte e da atividade física permite um olhar mais consistente para a capacidade produtiva das pessoas, de se expressar em maior grau de amplitude naqueles ambientes da cultura corporal que oferecem estímulos variados aos domínios das inteligências.

Em nossa constituição integrada de corpo e mente, carregamos diferentes potenciais genéticos e expressamos combinações diversificadas de aprendizagem a todo momento. Somos únicos, nossos cérebros são únicos, e nossas experiências são dotadas de significados, o que resulta na singularidade de cada um. Somos produtos da cultura e da nossa experiência subjetiva. E, através desta potencial diferença, pertencemos a um poderoso vínculo comum mais profundo – *somos a expressão conjunta da evolução natural e cultural*, como diz Gardner em diferentes obras. Estamos na busca do mesmo objetivo, disfarçado no infinito caleidoscópio do potencial humano. A partir desta possibilidade, podemos formar, de maneira responsável, comunidades comprometidas a jogar por um mundo melhor.

Sobre os autores

Hermes Ferreira Balbino

Graduado em educação física e psicologia pela Unimep - Universidade Metodista de Piracicaba, Especialização, mestrado e doutorado em ciências do esporte pela Unicamp. Trabalhou com diversas modalidades esportivas, como futsal, voleibol, atletismo, triátlon e basquetebol, modalidade a que está ligado até os dias de hoje.

Atuou como preparador físico da Seleção Brasileira Feminina de Basquetebol de 1989 a 1999, tendo participado de diversas conquistas pela equipe nacional, como a medalha de ouro nos Jogos Pan-Americanos de Havana – Cuba em 1991, o primeiro lugar no Campeonato Mundial da Austrália em 1994 e a medalha de prata nos Jogos Olímpicos de Atlanta em 1996.

Ingressou na carreira acadêmica em 1999 e hoje atua como docente na Unimep – Universidade Metodista de Piracicaba, com as disciplinas que envolvem a modalidade basquetebol e a psicologia do esporte. Atua na psicologia clínica, em atendimentos a esportistas.

Tem sua atuação na área acadêmica voltada para o estudo e pesquisa do desempenho humano dos técnicos e jogadores no âmbito dos jogos esportivos coletivos, a partir das teorias da psicologia humanista, da teoria das inteligências múltiplas e dos estudos de autores contemporâneos da pedagogia do esporte.

Vilma L. Nista-Piccolo

Licenciada em educação física e bacharel em fisioterapia, mestre em educação e doutora em psicologia educacional pela Unicamp. Foi professora da Faculdade de Educação Física da mesma instituição, onde desenvolveu vários projetos de pesquisa e de extensão, criou diferentes grupos de estudo e foi chefe do Departamento de Educação Motora. Foi professora titular da Universidade São Judas Tadeu, onde criou e coordenou o programa de Pós-Graduação Stricto Sensu em educação física, sendo a responsável pela implantação dos cursos de mestrado e doutorado na área. Também implantou o curso de graduação em educação física e esporte da Metrocamp (Campinas), onde criou o Instituto do Esporte. Tem experiência com pesquisas e publicações nas áreas de formação profissional, educação física escolar, ginástica e inteligência corporal-cinestésica. Desde 2000, quando estudou na Universidade de Harvard, tem se dedicado aos estudos das inteligências humanas. Atualmente, integra os dois programas de pós-graduação da Universidade Federal do Triângulo Mineiro, em educação física e em educação, onde desenvolve estudos relacionados à formação e atuação do professor. Iniciou também um novo grupo de estudo em Minas Gerais chamado Potencial, que pesquisa sobre as questões que permeiam a formação profissional e a atuação docente, com foco nas múltiplas inteligências, nos métodos de ensino e nos processos de avaliação, o qual é aberto a professores de todas as áreas. Além disso, integra o Nucorpo – grupo de pesquisa do PPGEF/UFTM. É pesquisadora do CNPq.

Alcides José Scaglia

Licenciado em educação física (1995), bacharel em educação física (1995), mestre em pedagogia do esporte (1999) e doutor em pedagogia do movimento pela Unicamp (2003). Tem experiência na área de educação física e esportes, desenvolvendo estudos, projetos e pesquisas nas áreas da educação física escolar e pedagogia do esporte, com ênfase em metodologia de ensino-treinamento dos jogos coletivos de invasão, futebol da iniciação ao treinamento e pedagogia do jogo. Atualmente é docente na Faculdade de Ciências Aplicadas (FCA) no curso de ciências do esporte da Unicamp, responsável/líder pelas pesquisas do LEPE (Laboratório de Estudos em Pedagogia do Esporte), pesquisador do Ludens–USP e coordenador de graduação da FCA (Unicamp).

Roberto Rodrigues Paes

Possui graduação em educação física pela Pontifícia Universidade Católica de Campinas (1979), mestrado em educação pela Universidade Metodista de Piracicaba (1989) e doutorado em educação pela Universidade Estadual de Campinas (1996). Atualmente é professor titular pela Universidade Estadual de Campinas. Foi membro do grupo de trabalho instituído pelo Ministério Extraordinário dos Esportes no âmbito do Instituto Nacional de Desenvolvimento do Desporto, que teve por finalidade assessorar o instituto no processo de implantação do programa Esporte Educacional no Brasil (1996-2000); membro da comissão de especialistas de ensino da área de educação física – Ministério da Educação – Secretaria da Educação Superior (2000-2002), coordenador de extensão da Faculdade de Educação Física da Unicamp (1990-1995); diretor associado da Faculdade de Educação Física da Unicamp (1998-2002); diretor da Faculdade

de Educação Física da Unicamp (2002-2006); líder do Grupo de Estudos em Pedagogia do Esporte (GEPESP) credenciado no CNPq desde 2006; diretor executivo da Fundação de Desenvolvimento da Unicamp-FUNCAMP (2008-2010); prefeito do campus da Universidade Estadual de Campinas (2009-2012) e pró-reitor de desenvolvimento universitário da Universidade Estadual de Campinas, no período de 7 de junho de 2012 a 30 de abril de 2013. Atua principalmente nos seguintes temas: pedagogia do esporte, esporte, basquetebol, educação física e jogos coletivos.

Marco Paulo Stigger

Possui graduação e licenciatura plena em educação física pela Universidade Federal do Rio Grande do Sul (1977), mestrado em educação física pela Universidade Gama Filho (1992) e doutorado em ciências do desporto e educação física pela Universidade do Porto/Portugal (2000). Atualmente é professor associado na Escola de Educação Física da Universidade Federal do Rio Grande do Sul, onde ministra aulas e orienta estudantes do curso de graduação em educação física (monografias de conclusão e trabalhos de iniciação científica) e no programa de pós-graduação em ciências do movimento humano (mestrado e doutorado); neste último, atua na linha de pesquisa representações sociais do movimento humano. Tem experiência na área de educação física, desenvolvendo estudos, publicando livros e artigos e orientando trabalhos no campo da sociologia/antropologia do esporte, da sociologia/antropologia do lazer e das políticas públicas, desenvolvidos, principalmente, a partir da análise cultural e da perspectiva etnográfica de investigação. Um trabalho bastante significativo da sua produção é o livro que apresenta os resultados do seu estudo desenvolvido no doutorado, publicado sob o título de *Esporte, lazer e estilos de vida: um estudo etnográfico* (Editora Autores Associados, 2002). Também publicou o livro *Educação Física, Esporte e Diversidade,* (Autores Associados, 2005), agora em 2ª edição (2011). Um trabalho representativo da sua atividade acadêmica no programa de pós-graduação em ciências do movimento humano/UFRGS é o livro organizado sob o título *Estudos Etnográficos Sobre Sociabilidades Esportivas em Espaços Urbanos,* (Editora da UFRGS – 2007), o qual contém um artigo do organizador e vários de autoria dos seus orientandos. Atualmente tem tido interesse e se aproximado dos estudos sociais da ciência e das suas relações com educação física.

Fonte: Museo Slab | Papel: Alta Alvura 90g/m²
Data: dezembro 2014
Impressão: Nywgraf Editora Gráfica